湖北省公益学术著作出版专项资金资助项目
装配式建筑技术创新与发展研究前沿丛书

装配式混凝土建筑技术管理

简华炽　编著

武汉理工大学出版社
·武　汉·

内 容 简 介

装配式建筑是以预制构件为主要受力构件，通过可靠的连接方式在现场装配安装而成的建筑，是当前我国建筑结构发展的重要方向之一，它采用标准化设计、工厂化生产、装配化施工、一体化装修、信息化管理、智能化应用，大大提高了建筑工程的质量，有利于我国建筑工业化的发展，符合可持续发展的原则。

全书共十三章，主要内容包括：绪论，装配式混凝土建筑的决策和管理，装配式混凝土建筑的建筑设计，装配式混凝土建筑的结构设计，装配式混凝土建筑的外围护系统设计，装配式混凝土建筑的施工条件，装配式混凝土建筑材料和配件的采购、进场与管理，装配式混凝土建筑构件的质量管理，装配式混凝土建筑的结构工程施工，装配式混凝土建筑的外围护工程施工，装配式混凝土建筑设备及管线工程施工，装配式混凝土建筑内装系统工程施工，装配式混凝土建筑的质量验收等内容。通过本书的学习，有利于工程管理人员进行宏观管理，可为工程管理人员进行装配式建筑的前期策划、管理，以及在装配式建筑的装配与验收阶段加强技术管理提供非常有益的参考。

本书可作为高等院校相关专业的师生以及从事装配式建筑结构设计、建筑设计的相关工程技术人员使用，也可供建筑行业各单位的工程管理人员培训和参考使用。

图书在版编目(CIP)数据

装配式混凝土建筑技术管理/简华炽编著.—武汉：武汉理工大学出版社，2020.8
ISBN 978-7-5629-6304-2

Ⅰ.①装…　Ⅱ.①简…　Ⅲ.①装配式混凝土结构-建筑工程-技术管理　Ⅳ.①TU37

中国版本图书馆 CIP 数据核字(2020)第 158119 号

项目负责人：王利永　　**责 任 编 辑**：王利永
责 任 校 对：余士龙　　**版 面 设 计**：正风图文
出 版 发 行：武汉理工大学出版社
地　　　址：武汉市洪山区珞狮路 122 号
邮　　　编：430070
网　　　址：http://www.wutp.com.cn
经　　　销：各地新华书店
印　　　刷：武汉中远印务有限公司
开　　　本：787×1092　1/16
印　　　张：9.75
字　　　数：250 千字
版　　　次：2020 年 8 月第 1 版
印　　　次：2020 年 8 月第 1 次印刷
定　　　价：58.00 元

凡购本书，如有缺页、倒页、脱页等印装质量问题，请向出版社发行部调换。
本社购书热线：027－87785758　87664138　87165708(传真)

前言 Foreword

装配式建筑是建筑业转型升级的重要抓手，通过标准化设计、工厂化生产、装配化施工、一体化装修、信息化管理、智能化应用，大大提高了建筑工程的质量，且具有工期、成本可控，社会效益好，环保，企业效益明显，消费者利益有保障等优势，还可减少建筑后期维修维护费用，最重要的是延长了建筑的使用寿命。然而，面对装配式建筑的一些新工艺、新材料，如何加强装配式建筑的技术管理是管理人员所要面临的问题，把这些问题都弄清楚以后，就可以快速地建造装配式住宅等建筑。

本书首先介绍了国内外装配式建筑的发展概况、装配式建筑的结构体系及优势，有利于管理人员进行宏观管理；然后讲解了装配式混凝土建筑的决策和管理、装配式混凝土建筑的建筑设计、装配式混凝土建筑的结构设计、装配式混凝土建筑外围护系统设计等方面的要点，为管理人员进行装配式建筑的前期策划、管理提供参考；最后讲解了装配式混凝土建筑的施工条件，装配式混凝土建筑材料和配件的采购、进场与管理，装配式混凝土建筑构件的质量管理，装配式混凝土建筑的结构工程施工，装配式混凝土建筑的外围护工程施工，装配式混凝土建筑的设备及管线工程施工，装配式混凝土建筑的内装系统工程施工，装配式混凝土建筑的质量验收等方面的要点，为管理人员在装配式建筑的施工与验收阶段加强技术管理提供参考。

本书在编写过程中参考了有关文献和一些项目施工管理经验性文件，在此对相关的作者表示衷心的感谢。

由于水平有限，编写时间仓促，尽管编著者尽心尽力反复推敲核实，但难免有疏漏及不妥之处，恳请各位专家、读者指正，以便后期修订。

编著者

2020 年 5 月

目录 Contents

第 1 章　绪论 …… (1)
1.1　国外装配式建筑的发展概况 …… (1)
1.2　国内装配式建筑的发展概况 …… (2)
1.3　装配式建筑的结构体系 …… (3)
1.3.1　装配式混凝土结构体系 …… (3)
1.3.2　装配式钢结构体系 …… (3)
1.3.3　装配式木结构体系 …… (4)
1.4　装配式建筑的优势 …… (4)
1.4.1　工期、成本可控 …… (4)
1.4.2　社会效益好 …… (4)
1.4.3　环保 …… (5)
1.4.4　企业效益明显 …… (6)
1.4.5　消费者利益有保障 …… (6)
第 2 章　装配式混凝土建筑的决策和管理 …… (7)
2.1　装配式建筑对建设单位的影响 …… (7)
2.1.1　有利影响 …… (7)
2.1.2　不利影响 …… (7)
2.2　建设单位应采取的积极措施 …… (8)
2.3　方案阶段的决策 …… (9)
2.4　建设单位应选择合适的设计单位 …… (9)
2.5　建设单位应选择合适的总承包单位 …… (10)
2.6　建设单位应选择合适的监理单位 …… (11)
2.7　选择合适的装配式建筑构件厂 …… (11)
2.8　加强建筑材料与建筑部件的采购管理 …… (12)
2.9　施工过程的工作协调 …… (13)
2.9.1　早期协调 …… (13)
2.9.2　定期协调 …… (13)
2.9.3　专题协调 …… (14)

2.9.4 实时协调 …… (14)
2.10 运用BIM技术加强管理 …… (14)
2.10.1 全链条信息化管理 …… (14)
2.10.2 避免或减少出错 …… (15)
2.10.3 可视化管理 …… (15)
2.10.4 工期的可控性 …… (15)
2.10.5 精细化管理 …… (16)
第3章 装配式混凝土建筑的建筑设计 …… (17)
3.1 装配式建筑的可行性分析 …… (17)
3.2 明确装配式混凝土建筑设计的主要内容 …… (17)
3.3 确定装配式混凝土建筑的预制、装配范围 …… (18)
3.4 设定建筑模数,确定模数协调原则 …… (18)
3.4.1 平面设计的模数协调 …… (18)
3.4.2 设计高度的模数协调 …… (18)
3.4.3 构造节点的模数协调 …… (19)
3.5 装配式混凝土建筑的平面设计 …… (19)
3.5.1 总平面设计 …… (19)
3.5.2 平面布置 …… (19)
3.5.3 选择平面形状 …… (19)
3.6 装配式混凝土建筑的立面设计 …… (21)
3.6.1 建筑高度及层高的变化 …… (21)
3.6.2 柱和梁构成的立面变化 …… (22)
3.6.3 通过剪力墙的造型构成立面的变化 …… (22)
3.7 装配式建筑的表皮造型和质感设计 …… (22)
3.8 装配式混凝土建筑外围护的一体化设计 …… (23)
3.9 外墙预制构件接缝的防水、防火等构造设计 …… (24)
3.9.1 防水构造设计 …… (24)
3.9.2 防火构造设计 …… (25)
3.10 建筑、结构、机电设备、室内装修一体化设计 …… (26)
第4章 装配式混凝土建筑的结构设计 …… (28)
4.1 我国装配式混凝土结构设计的主要特点 …… (29)
4.2 装配式混凝土结构的主要技术体系 …… (29)
4.3 装配式混凝土框架结构体系 …… (30)
4.3.1 装配式混凝土框架结构的适用范围 …… (30)
4.3.2 装配式混凝土框架结构的分类 …… (30)

4.3.3 装配式混凝土框架结构的构件拆分设计……………………………（31）
4.3.4 装配式混凝土框架结构的构件配筋、连接设计 ……………………（33）
4.4 装配式混凝土剪力墙结构体系……………………………………（37）
4.4.1 装配整体式剪力墙结构…………………………………………（38）
4.4.2 叠合板混凝土剪力墙结构………………………………………（38）
4.4.3 多层装配式剪力墙结构…………………………………………（39）
4.4.4 工业化的现浇剪力墙结构………………………………………（39）
4.4.5 装配整体式混凝土剪力墙结构的构件拆分设计…………………（39）
4.4.6 装配整体式混凝土剪力墙的设孔、配筋与连接设计 ………………（41）
4.4.7 叠合板混凝土剪力墙结构的构件拆分设计………………………（43）
4.5 预制混凝土外挂墙板设计…………………………………………（46）
4.5.1 外挂墙板的设计内容……………………………………………（46）
4.5.2 PC 外挂墙板的拆分设计 …………………………………………（47）
4.5.3 设计 PC 外挂墙板与主体结构的连接节点 ………………………（47）
4.5.4 PC 外挂墙板的接缝类型 …………………………………………（48）
4.5.5 PC 外挂墙板间接缝设计 …………………………………………（49）
4.5.6 PC 外挂墙板接缝密封材料的要求 ………………………………（50）
4.5.7 PC 外挂墙板的装饰一体化设计 …………………………………（50）
第 5 章 装配式混凝土建筑外围护系统设计 ……………………………（51）
5.1 外围护系统的设计内容……………………………………………（51）
5.2 外围护系统的选择…………………………………………………（51）
5.3 建筑幕墙设计………………………………………………………（52）
5.3.1 幕墙的连接要求…………………………………………………（52）
5.3.2 幕墙的设计依据…………………………………………………（52）
5.3.3 玻璃幕墙的设计…………………………………………………（52）
5.4 PC 建筑的门窗设计 ………………………………………………（55）
第 6 章 装配式混凝土建筑的施工条件 …………………………………（57）
6.1 施工管理人员与技术工人配置……………………………………（57）
6.1.1 装配式混凝土建筑施工管理人员配置……………………………（57）
6.1.2 专业技术工人的配置……………………………………………（58）
6.2 起重机械配置………………………………………………………（59）
6.2.1 塔式起重机………………………………………………………（59）
6.2.2 汽车式起重机和履带式起重机……………………………………（60）
6.3 灌浆设备与工具选择………………………………………………（60）
6.4 施工工具与设施配置………………………………………………（60）

6.5 吊具设计……(61)
6.5.1 吊具类型……(61)
6.5.2 绳索与吊装架验算……(61)
6.6 现场道路及场地规划与布置……(61)
6.6.1 现场道路……(61)
6.6.2 现场场地……(62)
6.6.3 施工安全条件……(62)
第7章 装配式混凝土建筑材料和配件的采购、进场与管理……(63)
7.1 坐浆材料的采购、进场与管理……(63)
7.1.1 采购要点……(63)
7.1.2 进场验收……(63)
7.1.3 场内保管……(64)
7.2 灌浆料的采购、进场与管理……(64)
7.2.1 采购要点……(64)
7.2.2 进场验收……(64)
7.2.3 场内保管……(64)
7.3 灌浆孔胶塞、灌浆缝堵缝条的采购、进场与管理……(65)
7.3.1 采购要点……(65)
7.3.2 进场验收……(66)
7.3.3 场内保管……(66)
7.4 钢筋机械连接套筒的采购、进场与管理……(66)
7.4.1 采购要点……(66)
7.4.2 进场验收……(66)
7.4.3 场内保管……(67)
7.5 装配式混凝土构件调整标高用的螺栓或垫片的采购……(67)
7.5.1 预埋螺母的采购要点……(67)
7.5.2 垫片的采购要点……(67)
7.6 临时支撑部件的采购、进场与管理……(67)
7.6.1 采购要点……(67)
7.6.2 进场验收……(68)
7.6.3 场内保管……(68)
7.7 螺栓与金属连接件的采购、进场与管理……(68)
7.7.1 选购要点……(68)
7.7.2 进场验收……(68)
7.7.3 场内保管……(69)

7.8　密封胶条与建筑密封胶的采购、进场与管理 …………………………………… (69)
7.8.1　选购要点…………………………………………………………………… (69)
7.8.2　进场验收…………………………………………………………………… (70)
7.8.3　场内保管…………………………………………………………………… (70)
7.9　保温材料的采购、进场与管理 …………………………………………………… (70)
7.9.1　选购要点…………………………………………………………………… (70)
7.9.2　进场验收…………………………………………………………………… (70)
7.9.3　场内保管…………………………………………………………………… (71)
7.10　修补材料的采购、进场与管理…………………………………………………… (71)
7.10.1　选购要点 ……………………………………………………………… (71)
7.10.2　进场验收 ……………………………………………………………… (72)
7.10.3　场内保管 ……………………………………………………………… (72)
7.11　防火塞缝材料的采购、进场与管理……………………………………………… (72)
7.11.1　选购要点 ……………………………………………………………… (72)
7.11.2　进场验收 ……………………………………………………………… (72)
7.11.3　场内保管 ……………………………………………………………… (72)
第 8 章　装配式混凝土建筑构件的质量管理 ……………………………………… (73)
8.1　装配式混凝土建筑构件生产单位的质量制度管理……………………………… (73)
8.2　装配式混凝土建筑构件制作的质量管理重点…………………………………… (74)
8.3　制作装配式混凝土建筑构件的工艺比选………………………………………… (74)
8.3.1　固定模台工艺……………………………………………………………… (74)
8.3.2　立模工艺…………………………………………………………………… (75)
8.3.3　预应力工艺………………………………………………………………… (75)
8.3.4　流动模台工艺……………………………………………………………… (76)
8.3.5　自动流水线工艺…………………………………………………………… (76)
8.4　装配式混凝土建筑构件制作的全过程控制……………………………………… (77)
8.4.1　原材料进厂检验…………………………………………………………… (77)
8.4.2　构件制作过程检验………………………………………………………… (77)
8.4.3　构件成品检验……………………………………………………………… (77)
8.5　混凝土强度的检验………………………………………………………………… (77)
8.5.1　检查数量…………………………………………………………………… (77)
8.5.2　检验方法…………………………………………………………………… (78)
8.6　夹芯保温板制作质量和拉结件埋置质量的检查………………………………… (78)
8.7　装配式混凝土建筑构件的质量评定……………………………………………… (79)
8.7.1　合格品……………………………………………………………………… (79)

8.7.2 可修品……(79)
8.7.3 废品……(79)
8.7.4 标识与分类存放……(79)
8.8 装配式混凝土建筑构件的结构性能检验……(80)
8.9 装配式混凝土建筑构件的资料及交付……(80)
8.9.1 装配式混凝土建筑构件的资料……(80)
8.9.2 预制构件交付的产品质量证明文件……(81)
第9章 装配式混凝土建筑的结构工程施工……(82)
9.1 装配式混凝土建筑的结构工程施工准备……(82)
9.1.1 人员准备……(82)
9.1.2 机械准备……(82)
9.1.3 材料准备……(82)
9.1.4 其他方面的准备……(83)
9.2 装配式混凝土建筑的基础……(83)
9.3 隐蔽工程验收……(83)
9.4 预制框架柱的安装(套筒灌浆)……(84)
9.4.1 施工面清理……(84)
9.4.2 柱的位置、标高控制……(84)
9.4.3 吊点安装……(84)
9.4.4 吊运……(84)
9.4.5 就位安装……(85)
9.4.6 柱的封仓……(85)
9.4.7 注浆连接……(85)
9.4.8 注浆后节点保护……(86)
9.5 叠合梁、板的安装(框架结构)……(86)
9.5.1 钢支撑的施工准备……(86)
9.5.2 测量放线……(86)
9.5.3 搭设梁、板支撑体系……(86)
9.5.4 吊装叠合梁……(87)
9.5.5 节点钢筋连接……(87)
9.5.6 吊装叠合板……(87)
9.5.7 安装钢筋及线管……(88)
9.5.8 浇筑节点混凝土……(88)
9.5.9 叠合梁、板现浇层施工……(88)
9.5.10 混凝土养护……(88)

9.5.11　拆除临时支撑 ……………………………………………………… (89)
9.6　预制装配式钢筋混凝土楼梯安装………………………………………… (89)
9.6.1　施工前准备工作……………………………………………………… (89)
9.6.2　放楼梯定位线………………………………………………………… (89)
9.6.3　钢筋调直与放置垫片………………………………………………… (89)
9.6.4　铺设细石混凝土……………………………………………………… (89)
9.6.5　吊装前准备工作……………………………………………………… (90)
9.6.6　吊装预制楼梯………………………………………………………… (90)
9.6.7　安装防护……………………………………………………………… (90)
9.7　实心剪力墙预制构件安装………………………………………………… (90)
9.7.1　施工前准备工作……………………………………………………… (90)
9.7.2　弹定位线和分仓线…………………………………………………… (91)
9.7.3　复核钢筋位置………………………………………………………… (91)
9.7.4　调节预埋螺栓高度…………………………………………………… (91)
9.7.5　起吊预制实心剪力墙………………………………………………… (91)
9.7.6　预制实心剪力墙的就位……………………………………………… (92)
9.7.7　预制实心剪力墙安装………………………………………………… (92)
9.7.8　分仓作业……………………………………………………………… (92)
9.7.9　接缝周圈密封………………………………………………………… (92)
9.7.10　制备灌浆料 ………………………………………………………… (93)
9.7.11　压力灌浆 …………………………………………………………… (94)
9.7.12　灌浆后节点保护 …………………………………………………… (94)
9.7.13　剪力墙预制构件间的水平连接 …………………………………… (94)
9.8　双面叠合剪力墙的施工…………………………………………………… (96)
9.8.1　施工准备……………………………………………………………… (96)
9.8.2　定位放线……………………………………………………………… (96)
9.8.3　边缘构件的钢筋安装………………………………………………… (96)
9.8.4　控制垫片标高………………………………………………………… (96)
9.8.5　起吊双面叠合剪力墙………………………………………………… (96)
9.8.6　双面叠合剪力墙的就位……………………………………………… (97)
9.8.7　双面叠合剪力墙的安装……………………………………………… (97)
9.8.8　安装连接钢筋及预埋水电线管……………………………………… (97)
9.8.9　安装铝模板(包括边缘构件、后浇段及墙脚位的模板) ……………… (97)
9.8.10　浇筑双面叠合剪力墙的后浇混凝土 ……………………………… (97)
9.9　剪力墙结构的叠合梁、板(或预应力板)安装 …………………………… (98)

9.9.1 施工准备…………………………………………………………………………(98)
9.9.2 测量放线…………………………………………………………………………(98)
9.9.3 搭设梁、板支撑体系 ……………………………………………………………(98)
9.9.4 吊装叠合梁………………………………………………………………………(99)
9.9.5 吊装叠合板………………………………………………………………………(99)
9.9.6 安装叠合板间后浇带的模板 …………………………………………………(100)
9.9.7 安装钢筋及线管 ………………………………………………………………(100)
9.9.8 浇筑节点混凝土 ………………………………………………………………(100)
9.9.9 叠合梁、板现浇层施工…………………………………………………………(100)
9.9.10 混凝土养护……………………………………………………………………(100)
9.9.11 拆除临时支撑…………………………………………………………………(101)
9.10 预制混凝土外挂墙板的安装…………………………………………………………(101)
9.10.1 落实吊装前的准备工作………………………………………………………(101)
9.10.2 转接件的定位和安装…………………………………………………………(101)
9.10.3 安装吊具………………………………………………………………………(102)
9.10.4 预制外挂板吊运及就位………………………………………………………(102)
9.10.5 预制外墙板安装………………………………………………………………(102)
9.10.6 拼缝处理………………………………………………………………………(102)
第 10 章 装配式混凝土建筑外围护工程施工 ……………………………………………(103)
10.1 玻璃幕墙的安装……………………………………………………………………(103)
10.1.1 单元式玻璃幕墙的吊装方式…………………………………………………(103)
10.1.2 单元式玻璃幕墙的施工流程…………………………………………………(104)
10.2 装配式混凝土建筑外门窗及整体飘窗的安装………………………………………(109)
10.2.1 装配式混凝土建筑外门窗安装………………………………………………(109)
10.2.2 预制混凝土整体飘窗安装……………………………………………………(109)
10.3 预制混凝土阳台板、空调板的安装 …………………………………………………(110)
第 11 章 装配式混凝土建筑设备及管线工程施工 ………………………………………(111)
11.1 给水排水工程的设计…………………………………………………………………(111)
11.1.1 装配式混凝土建筑给水系统设计……………………………………………(111)
11.1.2 装配式混凝土建筑排水系统设计……………………………………………(111)
11.1.3 装配式混凝土建筑给排水系统深化设计……………………………………(112)
11.2 给水排水工程的安装…………………………………………………………………(112)
11.2.1 工厂核对样板…………………………………………………………………(112)
11.2.2 进场检验………………………………………………………………………(113)
11.2.3 现场安装………………………………………………………………………(113)

11.3　通风、空调及燃气工程的设计 …………………………………………… (113)
11.3.1　通风设计…………………………………………………………… (114)
11.3.2　空调设计…………………………………………………………… (114)
11.4　通风、空调及燃气工程的安装 …………………………………………… (115)
11.4.1　厨房油烟机安装…………………………………………………… (115)
11.4.2　卫生间排气扇安装………………………………………………… (115)
11.4.3　中央空调安装……………………………………………………… (115)
11.4.4　燃气热水器的安装………………………………………………… (116)
11.5　电气、智能化工程的设计 ………………………………………………… (116)
11.5.1　非管线分离设计…………………………………………………… (117)
11.5.2　管线分离设计……………………………………………………… (117)
11.5.3　管线横穿结构梁、墙的设计 ……………………………………… (118)
11.6　电气、智能化工程的安装 ………………………………………………… (118)
11.6.1　预埋件、线管等的埋设施工 ……………………………………… (118)
11.6.2　管线的安装………………………………………………………… (118)
第 12 章　装配式混凝土建筑内装系统工程施工 ……………………………… (120)
12.1　轻质隔墙系统的设计与安装………………………………………………… (120)
12.1.1　轻质隔墙系统的设计……………………………………………… (120)
12.1.2　轻质隔墙系统的安装……………………………………………… (121)
12.2　吊顶系统的设计与安装……………………………………………………… (122)
12.2.1　吊顶系统的设计…………………………………………………… (122)
12.2.2　吊顶系统的安装…………………………………………………… (123)
12.3　楼地面系统的设计与安装…………………………………………………… (124)
12.3.1　楼地面系统的设计………………………………………………… (124)
12.3.2　楼地面系统的安装………………………………………………… (124)
12.4　墙面系统的设计与安装……………………………………………………… (125)
12.4.1　墙面系统的设计…………………………………………………… (125)
12.4.2　墙面系统的安装…………………………………………………… (125)
12.5　集成式厨房的设计与安装…………………………………………………… (127)
12.5.1　集成式厨房的设计………………………………………………… (127)
12.5.2　集成式厨房的安装………………………………………………… (128)
12.6　集成式卫生间的设计与安装………………………………………………… (129)
12.6.1　集成式卫生间的设计……………………………………………… (129)
12.6.2　集成式卫生间的安装……………………………………………… (130)
第 13 章　装配式混凝土建筑的质量验收 ……………………………………… (131)
13.1　质量验收的划分……………………………………………………………… (131)

13.2　装配式混凝土结构的验收…………………………………………………………（137）
13.2.1　原材料、部品、构配件的验收……………………………………………（137）
13.2.2　预制构件的进场验收………………………………………………………（137）
13.2.3　结构连接节点及叠合构件的隐蔽验收……………………………………（138）
13.2.4　预制构件的安装与连接方面的检验………………………………………（138）
13.2.5　混凝土结构子分部工程验收………………………………………………（139）
13.3　部品安装方面的验收……………………………………………………………（140）
13.3.1　部品验收的划分……………………………………………………………（140）
13.3.2　部品的试验和测试…………………………………………………………（140）
13.3.3　部品验收的内容……………………………………………………………（140）
13.4　设备与管线安装方面的验收……………………………………………………（141）
参考文献……………………………………………………………………………………（142）

第1章　绪　　论

19世纪中期以后，在一些经济比较发达的国家，很多方面已逐步走上机械化生产的道路。房屋的建造却还是基本上以手工业生产的方式施工，虽然有些工作或工种采用机械化，如土方工程与主要建筑材料的生产、加工和运输等，但对于每一栋房屋的设计和建造，却还是由设计人员按项目单独设计，由建筑工人在现场安装模板、绑扎钢筋、浇筑混凝土、砌砖、抹灰等，把建筑物建造起来。这样设计和施工，自然就越来越难以适应不断发展的生产和生活的需要了。

装配式建筑是建筑业转型升级的重要抓手，通过标准化设计、工厂化生产、装配化施工、一体化装修、信息化管理、智能化应用，大大提高了建筑工程的质量。装配式建筑是以工厂生产为主的方式取代现场建造的方式，工厂化生产的部品质量稳定，大幅减少施工失误和人为错误，保证了施工质量；工厂化的生产有效提高部品精度，解决了系统性质量通病；发展装配式装修，不仅提升了装修的品质，节约了资源、能源，还减少了噪声和建筑垃圾的排放，同时还可减少建筑后期维修维护费用，最重要的是延长了建筑的使用寿命。

1.1　国外装配式建筑的发展概况

1851年，英国伦敦用铁骨架嵌玻璃建成的水晶宫是世界上第一座大型装配式建筑。1891年，法国巴黎的Ed. Coigent公司首次在比亚里茨(Biarritz)的俱乐部建筑中使用装配式预制混凝土梁，这是世界上第一个预制混凝土构件。

装配式建筑在20世纪20年代初，由英、法、苏联等国家首先做了尝试。第二次世界大战后，欧洲国家为解决住房供给严重不足、劳动力紧缺问题，通过推行预制装配式住房，以加快建设速度，提高劳动生产率，为战后住房的快速重建提供保障。由于各个国家的状况不同、发展目标不同，各国在发展装配式建筑方面的侧重点不同，取得的成果也不同。

美国的装配式建筑(住宅)起源于20世纪30年代。1976年，美国国会通过了《国家工业化住宅建造及安全法案》，并制定了HUD国家标准等一系列严格的行业规范标准，以适应房地产市场发展的需要。美国注重住宅的舒适性、多样性和个性化，其装配式住宅的关键技术是模块化技术，住宅部品和主体构件生产的社会化程度很高，基本实现了标准化、系列化和多样化的有机结合，可以建成各有特色的舒适的工业化住宅。在美国的大城市，住宅的结构类型以混凝土装配式和钢结构装配式建筑为主；在小城镇，多以轻钢结构、木结构装配式建筑为主。据美国工业化住宅协会统计，2001年，美国的装配式建筑已经达到了1000万套，占美国住宅总量的7%。2017年，美国的装配式建筑的比例达到了90%，是世界上住宅装配化应用最广泛的国家。

德国最早的装配式建筑建于1926—1930年间，在柏林建造了多套预制混凝土板式住宅。第二次世界大战后，为解决资源短缺、人力匮乏、住房需求量大等问题，德国政府开展了大规模的建设工作，主要采用预制混凝土大板技术，此技术在德国的装配式建筑中应用最广泛。20世纪90年代后，德国开始通过优化整合建筑策划、设计、施工、管理等各个环节来实现建筑的个性化设计，寻求项目美观性、经济性、功能性、环保性的综合平衡，并开始广泛使用现浇和预制相结合的预制混凝土叠合板。经过几十年的发展，目前德国装配式建筑已形成完善的工业化产业链，建造技术主要分为三大体系：预制混凝土建造体系、预制钢结构建造体系、预制木结构建造体系，并有比较完整全面的装配式建筑标准规范体系，注重建筑的独特性和耐久性，建筑的环保和绿色可持续发展。

日本从1955年成立日本住宅公团时就开始研究装配式建筑，执行战后复兴基本国策的任务以住宅公团为中心展开。在城市化过程中，住宅公团主要是解决中低层收入人群的居住问题。日本是率先在工厂中批量生产住宅的国家，20世纪60年代中期，日本住宅部品化供应发展很快，预制混凝土构配件生产形成独立行业，装配式混凝土住宅有了长足发展。1973年，日本建立装配式混凝土住宅准入制度，装配式混凝土住宅的建设步入正轨。经历了几十年的发展，日本形成了以预制混凝土结构为主的多层装配式集合住宅体系。2017年，日本的装配式建筑比例达到了90%。

发达国家和地区的装配式混凝土住宅的发展经历了三个阶段：第一阶段是形成装配式混凝土建筑的初期阶段，此阶段主要建立了装配式混凝土建筑建造（生产）体系；第二阶段是装配式混凝土建筑的发展阶段，此阶段住宅产品的质量和性价比得到逐步提高；第三阶段是装配式混凝土建筑发展的成熟阶段，此阶段住宅的物耗和环境负荷得到进一步降低，大部分辅助性资源得到循环利用。

1.2 国内装配式建筑的发展概况

20世纪50年代后，我国的预制装配式建筑主要应用在工业和民用建筑中。90年代后，由于各种问题的不断出现，我国的预制装配式建筑迅速减少。1999年，为了满足人民群众日益增长的住房需求，加快住宅建设从粗放型向集约型转变，推进住宅产业现代化，提高住宅质量，促进住宅建设成为新的经济增长点，装配式建筑发展开始进入一个新的发展阶段。

21世纪以来，随着可持续发展理念的深化和建筑行业节能减排的需要，装配式建筑在我国逐渐成为研究和实践的热点。《装配式混凝土建筑技术标准》（GB/T 51231—2016）、《装配式钢结构建筑技术标准》（GB/T 51232—2016）、《装配式木结构建筑技术标准》（GB/T 51233—2016）等三项国家标准，已于2017年6月1日正式实施。上述三项标准与现行装配式建筑相关的国家、行业标准共同构成了装配式建筑系列标准，为实现装配式建筑标准化设计、工厂化生产、装配化施工、一体化装修、信息化管理和智能化应用提供了标准支持和保障。

2017年1—10月,全国已落实新建装配式建筑项目约1.27亿m^2。2017年11月,30个城市和195家企业被认定为第一批装配式建筑示范城市和产业基地,示范城市分布在东、中、西部,装配式建筑发展各具特色。在试点示范的引领带动下,装配式建筑逐步形成了全面推进的工作格局。截至目前,31个省(自治区、直辖市)出台了推进装配式建筑发展的相关政策文件,整体发展装配式建筑的态势已经形成。

1.3 装配式建筑的结构体系

我国装配式建筑结构体系主要分为装配式混凝土结构体系、装配式钢结构体系、装配式木结构体系。

1.3.1 装配式混凝土结构体系

装配式混凝土结构主要分为装配整体式框架结构、装配整体式剪力墙结构、装配整体式框架-现浇剪力墙结构、装配整体式框架-现浇核心筒结构、装配整体式部分框支剪力墙结构。

钢筋混凝土结构取材方便、成本低、刚度大、耐久性好,在装配式建筑中被广泛应用。混凝土结构构件通过采用预制化生产和机械化施工,可以将大量的湿作业施工转移到工厂内进行,在工厂预制好内、外墙板等构件,再运到施工现场进行装配和连接,能有效提高工程质量、加快工期、节约成本、降低污染。

目前,有关装配式混凝土结构体系的标准主要有《装配式混凝土结构技术规程》(JGJ 1—2014)、《装配式混凝土建筑技术标准》(GB/T 51231—2016)、《钢筋套筒灌浆连接应用技术规程》(JGJ 355—2015)等,并配套有《装配式混凝土剪力墙结构住宅设计》、《装配式混凝土结构建筑》、《装配式混凝土结构住宅建筑设计示例》(剪力墙)、《装配式混凝土结构连接节点构造》等设计图集,装配式混凝土结构的建筑技术体系和标准体系均已比较成熟。

1.3.2 装配式钢结构体系

装配式钢结构主要分为钢框架结构、钢框架-支撑结构、钢框架-延性墙板结构、筒体结构、巨型结构、交错桁架结构、门式刚架结构、低层冷弯薄壁型钢结构。

钢结构具有轻质高强、抗震性能好、工业化程度高、安装方便、施工周期短、绿色环保等优点,在工业建筑及大跨空间结构领域被广泛应用。

目前,有关装配式钢结构体系的标准主要有《装配式钢结构建筑技术标准》(GB/T

51232—2016)、《高层民用建筑钢结构技术规程》(JGJ 99—2015)、《钢结构住宅设计规范》(CECS 261—2009)、《钢板剪力墙技术规程》(JGJ/T 380—2015)、《建筑钢结构防火技术规范》(GB 51249—2017)、《钢结构工程施工质量验收规范》(GB 50205—2001)、《门式刚架轻型房屋钢结构技术规范》(GB 51022—2015)、《低层冷弯薄壁型钢房屋建筑技术规程》(JGJ 227—2011)等,装配式钢结构的建筑技术体系和标准体系也已比较成熟。

1.3.3 装配式木结构体系

装配式木结构包括装配式纯木结构和装配式木混合结构等。

装配式木混合结构是由木结构构件与钢结构构件、混凝土结构构件组合而成的混合承重的结构形式,包括上下混合装配式木结构、水平混合装配式木结构、平改坡的屋面系统装配式以及混凝土结构中采用的木骨架组合墙体系统。

木结构建筑相关标准规范不断更新和完善,已逐渐形成较完整的技术标准体系。具体包括:《木结构设计规范》(GB 50005—2003)、《木结构工程施工质量验收规范》(GB 50206—2012)、《木结构试验方法标准》(GB/T 50329—2012)、《木结构设计手册》、《木结构设计》和《木结构建筑图集》等,为发展木结构建筑打下了基础。

1.4 装配式建筑的优势

1.4.1 工期、成本可控

由于构件的工厂化生产,可以把施工现场大量的重复性工作利用高度机械化和自动化的预制生产线进行工业化生产,再结合构件的定型化和标准化,从而使劳动效率显著提高,显著缩短施工工期。例如日本一幢 100 户的五层住宅建设工期,如采用传统施工方法为 240 d,而采用预制装配式结构以后,只用 180 d 就可以完工,缩短工期 60 d。

据欧洲国家统计,按传统建筑方法,每平方米建筑面积约需 2.25 工日,而预制装配式建筑施工仅需 1.0 工日,可节约人工 25%～30%,降低造价 10%～15%。

1.4.2 社会效益好

通过对某项目结构完全相同的两栋楼分别按装配式混凝土建筑建造和按传统现浇混凝土建筑建造,进行节材、节水、节能、环保等方面的综合对比,装配式混凝土建筑的社会效益好。

(1) 钢材消耗

装配式混凝土建筑钢筋消耗量为58.3 kg/m^2,传统现浇混凝土建筑钢筋消耗量为55.9 kg/m^2,前者比后者增加了2.4 kg/m^2,每平方米钢筋用量增加了4.29%。

(2) 混凝土消耗

装配式混凝土建筑混凝土消耗量为0.4775 m^3/m^2,传统现浇混凝土建筑混凝土消耗量为0.4667m^3/m^2,前者比后者每平方米混凝土消耗量增加2.31%。

(3) 木材消耗

装配式混凝土建筑预制构件在生产过程中采用周转次数较高的钢模板替代木模板,同时叠合板等预制构件在现场施工过程中可起到模板的作用,减少了施工过程中大量使用木模板的需求,装配式混凝土建筑相比传统现浇混凝土建筑每平方米木材节约59.30%,大大节约了木材的消耗量。

(4) 保温材料消耗

选取两组保温材料均为保温板的项目进行对比,装配式混凝土建筑比传统现浇混凝土建筑每平方米保温材料消耗量节约51.85%。

(5) 水泥砂浆消耗

装配式混凝土建筑相比传统现浇混凝土建筑每平方米水泥砂浆消耗量减少55.13%。

(6) 水资源消耗

装配式混凝土建筑相比传统现浇混凝土建筑每平方米水的消耗量减少24.29%。

(7) 能源消耗

装配式混凝土建筑相比传统现浇混凝土建筑每平方米电力消耗量减少11.22%。

1.4.3 环保

(1) 减少建筑垃圾排放

装配式混凝土建筑相比传统现浇混凝土建筑每平方米建筑垃圾的排放量降低69.09%,减排效果明显。

(2) 粉尘的排放较少

为测定装配式混凝土建筑施工阶段的空气质量,在同一时间对同一项目的两栋不同建造方式的建筑进行了数据实测。通过现场取样和实验室分析的方式对施工现场粉尘浓度进行监测,监测结果表明,装配式施工现场的PM 2.5和PM10的排放较少。

(3) 降低噪声排放

依据《建筑施工场界环境噪声排放标准》(GB 12523—2011)和《声环境质量标准》(GB 3096—2008)等标准,选择若干装配式混凝土建筑与传统现浇混凝土建筑施工现场的测点对噪声进行了检测,经背景噪声修正后的测量结果显示,装配式混凝土建筑在施工过程中相应缩短了最高分贝噪声的持续时长,施工的测点均满足噪声排放国家标准要求,而传统现浇混凝土施工区域测点中的较多数据超标。

(4) 减少碳排放

经过在施工现场对两种建造方式使用材料碳排放的测算,分析发现装配式混凝土建筑相比传统现浇混凝土建筑在建造阶段每平方米可减少碳排放 27.26 kg。

1.4.4 企业效益明显

(1) 大幅提高企业盈利能力

提高生产效率和设备周转率,可大幅提高企业单位时间的盈利能力。

(2) 提高资金运营效率

使用工业化的生产方式,能够大幅度缩短施工周期,为企业提前争取到资金的回流,加快企业的资金周转率,提高资金运营效率,这是提高企业盈利水平的关键。

1.4.5 消费者利益有保障

(1) 出品质量稳定

工业化技术可使建筑产品具有稳定的出品质量,能够最大程度改善结构精度,杜绝墙体开裂、门窗漏水等质量通病,提高建筑交付时消费者的满意度。

(2) 减少后期维护成本

工厂中生产的构件,具有更好的耐久性,减少了后期维护次数。分离式设备体系,又为设备的维护和更换提供了可能性,大大提升了建筑物的使用寿命,减少了维护成本。

(3) 房屋性能的提升

新的建造方式的出现,为新技术的应用提供了一个更加宽阔的技术应用平台。新的围护和隔墙体系的出现,大大提升了隔声和保温性能。

(4) 使用安全性

严格把控的室内装修施工,让消费者居住更加安心。配合工业化住宅出现的 VSI 内装体系,使室内装修一步到位。装修材料部品工厂化加工,现场组装、安装、拼装施工,让施工质量大幅度提升,现场作业的减少,也大幅度地避免了二次污染。而严格把控的装修材料,注重质量和环保,大大减少了因为装修而带来的室内环境污染,为消费者提供更加安全和健康的居住环境。

第 2 章　装配式混凝土建筑的决策和管理

2.1　装配式建筑对建设单位的影响

2.1.1　有利影响

装配式建筑可以显著提高房屋的质量与使用功能，使现有建筑产品升级，为消费者提供安全、精致的产品。相对于传统的建造模式，可以更好地控制房屋尺寸精度和内外墙的平整度，更好地实现隔声和节能等性能。同时，装配式建筑解决了传统手工操作带来的质量通病，如空鼓、开裂、渗漏等，这对于提升建设单位的品牌效应、降低顾客投诉率都有很大的帮助。

在投资方面，装配式建筑缩短了建设周期，可以加快资金周转率。

在社会责任方面，装配式建筑四个系统（结构系统、外围护系统、内装系统、设备机电系统）的集成、全装修、管线分离等要求对于提升产品质量是具有导向作用的，而且符合绿色施工和环保节能的特点，与企业的社会责任相吻合。

2.1.2　不利影响

装配式建筑也会给建设单位带来一些不利影响。

(1) 成本高

现阶段装配式建筑的建设成本高于传统现浇混凝土建筑，每平方米费用增加 200～500 元。

(2) 缺少可选配套资源

相关配套资源分配不均，一些不发达地区的装配式建筑的设计、生产、施工、监理、检测等企业数量少，专业的从业人员数量不足，经验欠缺，可供建设单位选择的余地小，因此会在设计、生产、质量控制、监督、检测、验收、备案等过程中带来很多麻烦。

(3) 影响产品的销售

对于装配式建筑来说，很多消费者不认同由此增加的费用应由消费者买单，还有少数消费者认为此类建筑不安全，从而影响了产品的销售。

2.2 建设单位应采取的积极措施

建设单位建造装配式住宅时，应在产品的定位与决策、结构体系的革新、前期设计方案的优化、构件的制作和安装、全过程的设计协调、全过程的成本控制等六方面采取积极措施，提高产品的竞争力，实现利润与社会责任的双丰收。

(1) 产品的定位与决策

建设单位应深刻意识到：装配式建筑是为消费者服务的。因此，建设单位应根据产品定位的目标市场，深入研究如何发挥装配式建筑的优势，避开其弊端，做出正确决策，提高产品的功能、质量和经济性。如：做什么标准的全装修，如何进行全装修；是否采用集成式卫浴、集成式厨房、整体收纳；是否实现管线分离和同层排水；等等。

(2) 结构体系的革新

根据住宅产品的户型和建筑风格要求，进行不同结构体系(框架结构、剪力墙结构、框剪结构或筒体结构)的方案比较，选择既能实现建筑功能又能降低成本的最优结构体系。

(3) 前期设计方案的优化

在前期设计阶段，需要确认装配式住宅的结构形式、装配率、技术方案等重要数据，还应充分考虑构件制作安装以及后期的全装修问题。在尚未进行制作和工程招标的情况下，建设单位需要组织制作工厂和施工企业方面的专家参与设计方案论证，与设计单位交流互动，以确保装配式建筑的设计能够在制作、施工环节不出错，并具有较好的功能、质量和经济性。

(4) 构件的制作和安装

在产品制作阶段，建设单位须重点关注套筒灌浆抗拉试验、浆锚成孔试验、模具、隐蔽工程、混凝土质量和构件验收等环节；在产品安装阶段，建设单位须重点关注构件连接施工、后浇筑混凝土钢筋连接、接缝防水施工等环节。对于有条件的开发商，通过 BIM 技术提供的可视化管理将会提高整个产品的品质。

(5) 全过程的设计协调

对于装配式住宅这一较新的施工技术，在施工环节往往无法考虑到所有的工程细节，需要设计方、PC 构件生产厂家、施工方等单位保持沟通，共同协调确认相关的图样及施工方案，以保证施工进度和工程质量。

(6) 全过程的成本控制

现阶段，装配式建筑的造价普遍高于传统的现浇混凝土建筑，建设单位应在管理中加强成本控制，减少不必要的费用。如：在设计阶段，通过控制装配式构件的模数，减少构件的类型，可以降低 PC 构件的采购成本；在生产阶段，督促施工单位聘用熟练的工人，不但能够提升施工质量，而且能够缩短工期、节约成本。

2.3　方案阶段的决策

在装配式建筑方案阶段，建设单位应和设计方一起共同确认建筑物的建筑方案、结构形式、预制率等内容，具体包括以下六个方面。

（1）建筑风格

装配式建筑对于建筑物的建筑风格、结构形式有一定的影响。目前，装配式建筑普遍采用装配式剪力墙结构、装配式框架-核心筒结构，这些结构形式可以适用于大部分的建筑风格。

（2）预制率的确定与分配

在决定建筑物的预制率的时候，建设单位应结合当地情况进行综合考虑，较高的预制率能够拿到政府的相关补助，但是会造成建筑安装成本的增加，因此需明确合适的尺度。

（3）全装修和 CSI

对于是否使用全装修，需要从营销的角度进行考虑。全装修可以提升建筑的整体品质，提高建设单位的利润，但是增加了相应的施工难度，考验建设单位与总包公司的管理及资源整合能力。实施 CSI 则需考虑建筑未来使用改造的可能性。如果未来可能会更改住宅的平面布置、水电管线位置，那么使用 CSI 的理念进行设计是一个很好的选择，但建筑安装成本费用则有可能增加。

（4）部品集成化

对于是否采用建筑部品集成化、标准化的思路进行设计，需考虑使用以上技术的必要性。相比于传统建筑，装配式建筑更需考虑设计模数的标准化，这样在生产装配式建筑及施工时就会大大增加便利性，降低相关成本。

（5）项目承包方式

对于项目的承包方式，是总承包还是分别承包，需要在方案阶段做出决策，这对后续选择各环节的合作单位起着指导性的作用。

（6）BIM 技术

BIM 技术对装配式建筑的增益效果是显著的，但是 BIM 技术的应用需从设计阶段开始，建设单位需要在方案阶段就做出是否使用 BIM 技术的决策，这样 BIM 技术的全链条信息化管理才能最有效地发挥它的功能。

2.4　建设单位应选择合适的设计单位

建设单位选择设计单位要充分考虑如下要点：

（1）具有足够的设计经验

对于装配式建筑的设计单位，具有多个项目的成功设计经验是十分必要的。对于较成熟的设计方，在设计之初就会加入装配式设计的相关考虑，规避一些装配式建筑设计风险。

有经验的设计单位会与建设单位协作采取装配式设计模数化、构件部品一致化、组合多样化的设计思路，从而达到节约成本、施工简便的效果。目前，少数设计院具备装配式建筑的设计经历。对于某些地域，如果不具备这样资质的设计院，建设单位应要求当地设计团队中的设计师或者工程师有装配式建筑设计的个人经历；如果还不能满足，则应要求设计院与有经验的设计团队合作完成设计工作。

(2) 具有足够的配合协同能力

在装配式建筑的设计及使用过程中，设计方需要能够充分考虑到建设单位、预制构件厂和施工单位的不同需求，与之充分沟通，共同深化图样。例如在施工图设计阶段就要考虑内装修的相关要求，内装修设计与供货单位应协同各细部尺寸。

(3) 具有运用一些全新设计思路的能力

CSI与建筑部品集成化是未来工业化住宅的发展方向，它不同于以往的设计思路及理念，是建筑全过程管理的一部分。这些新技术要求设计单位精通水、电、安装、装修、维护运营等各过程，形成一个完备部品集成化体系，并协调各个供应商、施工单位进行资源整合。

(4) 能够熟练地将BIM技术应用在项目管理中

BIM技术是全过程管理的一个重要工具，设计单位须与建设单位共同合作将BIM技术运用扩充，使之发挥更大的作用，包括拆分设计。目前，很多装配式建筑的建筑设计与拆分设计有着不同的责任人，拆分设计不理解原设计意图，对设计没有整体的系统性概念，导致拆分设计出现许多问题。建设单位需要寻找稳定的可以完全负责的设计方，这样责任明晰、管理清晰的模式才是做好装配式建筑设计的正途。

2.5 建设单位应选择合适的总承包单位

工程总承包是指从事工程总承包的企业受业主委托，按照合同约定对工程项目的可行性研究、勘察、设计、采购、施工、试运行(竣工验收)等实行全过程或若干阶段的承包。工程总承包企业对承包工程的质量、安全、工期、造价全面负责。

总承包模式对于装配式建筑有着得天独厚的优势。装配式建筑在设计上有其独特性，与传统的设计、制造、施工分离的承包模式不同，需要从设计阶段、生产阶段和施工阶段就开始紧密配合，所以采用EPC总承包模式能发挥更好的效率，有助于降低成本，提高施工效率。

建设单位选择装配式建筑施工总承包单位时应充分考虑如下两个方面：

(1) 是否拥有足够的实力和经验

国内同时拥有设计和施工最高资质的总承包单位并不多，建设单位要仔细甄选其中有装配式设计和施工经验的总承包单位。一家有实力的总承包单位应该在当地具有一定的市场份额和良好的口碑，并有丰富的装配式设计施工经验，拥有自己独到的装配式设计和施工的思路与方法。

(2) 是否能够投入足够的资源

有些总承包单位虽然拥有很强的实力,但由于项目过多,难免在一些项目上无法投入足够的人力和物力。在选择总承包单位前建设单位应做好调研并与总承包单位做好沟通,明确项目的关键管理人员以及配合的构件生产企业,以明确能够投入足够的资源。

2.6　建设单位应选择合适的监理单位

建设单位在选择装配式建筑的监理单位时,应考虑如下几个方面:

(1) 熟悉装配式建筑的相关规范

监理单位应熟悉关于装配式建筑的相关规范,并能够运用在日常监理工作中。

(2) 有足够的装配式建筑的监理经验

目前,关于装配式建筑的设计思路,以及施工的工艺工法有很多,有些在整个行业中还没有达成共识,这就需要监理公司有足够的监理经验,发挥重要的监管作用。

(3) 信息化管理能力

装配式建筑的监理单位应具有掌握 BIM 技术及相关信息化管理的能力,实现预制构件产品的全生产周期监督、生产过程监控、施工及安全施工缺陷的系统管理,提高信息化水平。

具体选择监理单位时,建设单位可以通过招标的方式,了解多个监理单位的监理规划和实施细则,再择优选择。选择时,要严格把控监理单位是否有装配式建筑的业绩或经验,参加项目的人员是否经过相应的专业培训等。

2.7　选择合适的装配式建筑构件厂

目前,我国已取消对预制构件企业的资质审查认定工作,这无形中降低了构件生产企业的入门标准,导致了一些地区预制构件生产项目的盲目上马。如何选取一个合格的预制构件厂是建设单位面临的普遍难题。构件厂的选择一般有两种形式:总承包方式、工程承包方式。在选择构件厂家时,建设单位应参与过程考察并设定一些指标。

一个合格的预制构件厂应具有如下条件:

(1) 有一定的从业经验

最好具备一定的图样深化和图样拆分能力。对于装配式建筑的研究,大多数开发商还不太专业,那么一个相对专业的设计、生产单位对于开发商来说是个不错的选择。但构件生产是一个新兴的行业,多数预制构件厂的经历时间都不是很长,所以只能选相对经验丰富的厂家,或业绩较好的厂家。有经验的预制构件厂在初步设计阶段就会提早介入,提出模数标准化的相关建议。另外,在预制构件施工图设计阶段,预制构件厂需要对建筑图样有足够的拆分能力与深化设计能力，考虑构件的可生产性、可安装性和整体建筑的防水防火性能。

(2) 有足够的生产能力

预制构件厂能够同时供应多个建筑工地，产量方面具有可调性，有能力应对突发的产量需求。

(3) 有完善的质量控制体系

目前，国家对于预制构件生产并没有相关配套的质量体系要求，这就需要预制构件厂有足够的质量自控能力，在材料供应、检测试验、模具生产、钢筋制作绑扎、混凝土浇筑、预制件养护脱模、预制件储存、交通运输等方面都要有相应的标准规范和质量管控制度。

(4) 有基本的生产设备及场地

构件厂应有一些基本的条件：首先，要有试验检测设备及专业人员，对进场材料进行检测，如果没有实验室，那就不具备基本的生产能力；其次，基本生产设施要齐全，如养护设施，可以是简易的大棚，也可以是蒸养窑，这种养护设施能够保证生产质量及生产效率；最后，要有堆放场地，这也是构件厂的基本要素，否则生产规模、供应能力都会受限。

(5) 信息化能力

预制构件厂应有独立的生产管理系统，垂直整合上下游，致力于生产管理和记录系统、远程故障诊断服务信息系统等软件的开发和实施，提高信息化水平。

2.8 加强建筑材料与建筑部件的采购管理

装配式建筑在我国很多城市还是比较新鲜的事物，对于装配式建筑的一些建筑材料更是如此。有些材料，国家及设计方没有明确的要求，有的材料生产的厂家较少，寻找资源比较困难，这些都对装配式建筑的建筑材料和建筑部件的采购带来一些问题。因此，建设单位在建筑材料采购过程中应注意以下事项：

(1) 影响结构安全的部件和材料

对于影响结构安全的部件的选用一定要明确详细的标准，如套筒、灌浆料、拉结件等，要选择符合国家标准且质量稳定、厂家信誉好的产品，应论证检测套筒的强度和材质，灌浆料的强度、收缩性和相容性。

(2) 影响建筑功能的部件和材料

应重点关注有外围护的保温材料，构件间的防水密封材料，室内的整体式厨卫部品，分水器、分电器及干法地暖等；应关注保温材料的材质、保温性能、防火性能，以及外墙缝隙的防水密封材料及其防水性能、弹性、压缩性和耐久性等。

(3) 影响施工安全的部件和材料

预埋材料的质量及吊装用具的质量关乎现场生产安全，是人命关天的大事，因此应重点关注。例如应重点关注预埋的吊点、螺母、钢板等材料的质量，吊装作业用的工具(吊车)、吊具、锁具、钢丝绳等材料的质量。

甲方宜指定产品或指定标准的材料有：套筒、灌浆料、坐浆料、拉结件、保温材料、外墙胶、整体卫浴、整体厨房、干法地暖、分水分电器等，这些材料宜由甲方供货或指定厂家品牌。

对于初次采用装配式的项目，若施工总包单位相对经验不足，应对起重机、吊具、注浆工具、预埋件、轻质内隔墙体系等的型号、材质、数量、指标提出要求或指定品牌、厂家。

2.9　施工过程的工作协调

建设单位在装配式建筑施工全过程中，要从以下四个方面分别做好参建各方的协调工作。

2.9.1　早期协调

（1）协调落实装配式建筑的结构拆分方案

与现浇建筑不同，在项目启动初期，建设单位要组织设计单位（含拆分单位）、构件生产单位（含模具生产单位）、部品部件供应单位（甲方的供材单位：套筒、保温材料、拉结件、门窗等厂家）、总包单位等召开协调会，主要落实装配式建筑的结构拆分方案：采用何种预制混凝土构件，如明确外墙（三明治外墙、外挂墙板、叠合墙板）、叠合板、叠合梁、柱、楼梯、内墙板等的具体款式；采用何种连接方式，如套筒灌浆连接、钢筋浆锚搭接等；采用哪个厂家的套筒和灌浆料；拉结件选用哪个厂家的哪种产品；是否采用 BIM 设计及管理；是否做装修样板房；采用何种材质的保温材料；门窗采用何种连接方式；外立面采用何种装饰材料（涂料、瓷砖反打、清水混凝土面）。然后启动拆分方案设计，这个过程中户内装饰、外立面要结合构件拆分来设计，避免先做结构拆分设计再进行装修、水电设备设计。构件拆分要考虑生产、运输、吊装的要求。

（2）协调各单位的作业工期或动作时间

如设计单位的拆分设计工期，模板厂家的制作工期，生产厂家的生产工期、材料的供应时间等。早期协调是为了明确建设单位的作业指导书及工期计划，促进各作业单位满足建设单位的要求。

2.9.2　定期协调

（1）定期协调落实样板工作

样板主要包括材料样板和施工样板。对于在装配式施工中的每一个材料样板，应提交给设计单位及 PC 预制厂一同批准，主要包括金属套筒、套筒用灌浆料、吊装坐浆料、防水条、防水卷材等。建设单位应协调施工单位把每个工序做法的第一次施工作为施工样板，邀请设计单位、制作单位及监理单位一起现场论证并给出相应的意见。施工样板主要包括：叠合板安装、预制外墙安装、预制内墙安装、预制楼梯安装、套筒灌浆等。在预制构件安装时，还应重点关注水电管线的预留及连接等问题。

（2）分阶段共同验收

建设单位在某项工序施工到一个阶段后，协调设计单位、制作单位、监理单位、施工单位对完成的装配式建筑工序进行共同验收，主要检查完成的装配式建筑是否满足设计意图、能否具备相应功能，相应水电管线设备是否受到影响、能否满足相应功能要求等。

2.9.3 专题协调

协调一些专业问题。在项目实施阶段，遇到专业问题时，建设单位应组织召开专业协调会议，邀请设计单位、制作单位、施工单位及监理单位一起参加，协调解决该专业问题，包括预制构件在生产、运输、储存、吊装、成品保护等方面遇到的问题。

2.9.4 实时协调

建设单位通过建立工作群，将设计、施工、监理等单位的相关人员联系起来，通过实时沟通，可协调解决一些实际问题。

2.10 运用 BIM 技术加强管理

在装配式建筑的建设过程中，建设单位应运用 BIM 技术加强管理，主要做好以下工作：

2.10.1 全链条信息化管理

装配式建筑的核心要义是集成，而 BIM 技术则是“集成”的主线。建设单位应该用这条主线串联起设计、生产、施工、装修和管理的全过程，服务于设计、建设、运维、拆除等全生命周期内的各项工作，以信息化描述各种系统要素，实现信息化协同设计、节点连接模拟及检验、可视化装配等全新运用，整合装配式建筑的全产业链，实现全过程、全方位的信息化集成。常规的装配式建筑的建设流程是设计→工厂制造→现场安装，但设计、工厂制造、现场安装三个阶段是分离的，设计是否合理，只能在安装过程中才会被发现，协调不好会造成变更、浪费，甚至影响结构质量，而运用 BIM 技术可以提早解决这些问题。

2.10.2　避免或减少出错

建设单位通过将设计方案、制造需求、安装需求等信息资料集成在 BIM 系统中，在实际建造前统筹考虑设计、制造、安装等环节，把实际制造、安装过程中可能产生的问题提前解决。

(1) 对建筑图纸进行初步优化

结构、水、电等相关专业在专业图纸设计时，参考 BIM 的建筑图纸做出初步优化。在将各专业的图纸纳入 BIM 系统后，BIM 系统会显示各设计图纸间可能会出现的各种“冲突”、“缺失”等问题，各相关专业须根据出现的具体问题共同进行优化。

(2) 优化综合管线的设计

通过 BIM 技术实现管线综合排布，明确管线的相关位置及间距，优化综合管线的设计。在实施精装修的工程项目，利用 BIM 技术做模拟样板间，通过模拟样板间检查各部品的位置设计是否合理，尤其是水电点位的位置，以便及时调整、优化。

(3) 对施工图进行装配构件拆分、管理

通过建立装配式建筑的 BIM 构件库，就可模拟工厂加工的方式，以“预制构件模型”进行系统集成和表达。另外，在深化设计、构件生产、构件吊装等阶段，通过 BIM 技术绘制三维施工图，进行构件的模拟吊装、碰撞检验，避免现场安装时出错。

2.10.3　可视化管理

采用 BIM 技术设计，一键生成立体三维图形，可以直观体验管线的走向、间距、位置、碰撞等问题；可以对现场复杂节点(如梁柱节点、管线交叉排布)做可视交底；可以模拟实体样板搭建，检查错、漏、碰、缺等缺陷，以减少后期的拆改；通过可追踪定位系统随时统计并可视不同区域工作人员的数量位置，对于管理非安全区域的人员进出提供帮助。

2.10.4　工期的可控性

对于每天的工序施工，可通过 BIM 系统进行完工确认，这样就会知道每天的施工进度是否满足计划要求；BIM 系统下还可以自动生成进度计划与实际进度的对比偏差，有利于工期的管控。

2.10.5 精细化管理

通过 BIM 技术可以实现对现场材料的实况管理，对各种材料进场数量、使用情况、剩余情况进行统计，有利于材料的采购，避免出现不必要的剩余。此外，通过 BIM 技术，还可根据工序验收情况自动生成已完工程的人、材、机用量及成本情况，从而实现施工现场的精细化管理。

由此可见，BIM 技术的运用将使预制装配式建筑的技术管理更趋完善、合理。

第3章　装配式混凝土建筑的建筑设计

我国各地区在气候、环境、资源、经济、社会发展水平及民俗文化等方面都存在较大差异，因此装配式建筑的设计应符合当地城市规划的要求。与周围环境相协调，并结合总体布局和立面色彩、细部处理等方面要求，在标准化设计的同时，丰富建筑造型及空间。满足使用功能和性能要求，体现出以人为本和节材、节水、节能、环境保护等理念。

3.1　装配式建筑的可行性分析

工程设计开始前，应对工程是否有条件搞装配式建筑进行可行性分析，主要针对抗震设防烈度、构件工厂至工地的距离、工厂生产条件、道路运输条件等方面进行研判，以确定是否有条件搞装配式建筑或适合用哪种方式搞装配式建筑。

3.2　明确装配式混凝土建筑设计的主要内容

装配式建筑应先根据项目的可行性研究报告，确定是采取装配式混凝土结构，还是采取装配式钢结构或装配式木结构，然后开始进行建筑设计。装配式混凝土建筑开始设计时，应明确建筑设计的主要内容：

(1) 与结构工程师确定预制、装配范围；

(2) 设定建筑模数，确定模数协调原则；

(3) 结合装配式混凝土建筑的特点与要求，进行平面设计；

(4) 结合装配式混凝土建筑的特点确定立面拆分原则，进行立面设计；

(5) 结合装配式混凝土建筑的特点，进行表皮的造型和质感设计；

(6) 进行建筑外围护设计时，应争取做到建筑、结构、保温、装饰一体化；

(7) 进行外墙预制构件接缝的防水、防火等构造设计；

(8) 结合构件设计要求以及防雷、给排水、消防、装饰、电气设备、通信等专业要求，进行建筑构造设计和节点设计。

3.3 确定装配式混凝土建筑的预制、装配范围

为了实现装配式建筑"两提两减"(即提高工程质量、提升生产效率、减少人工作业、减少环境污染)目标,需尽量减少现场的湿作业,构件应尽量通过工厂化生产,运到现场进行安装。

装配式混凝土建筑在开始进行建筑设计时,应与结构工程师确定结构选型和预制、装配范围。预制范围主要包括主体结构构件和围护结构构件,装配范围主要包括非承重构件和内装部品。主体结构构件和围护结构构件包括预制外承重墙、外围护墙、内承重墙、柱、梁、楼板、外挂墙板、楼梯、空调板、阳台等构件。非承重构件和内装部品包括非承重内隔墙、整体(集成式)厨房、整体(集成式)卫生间、预制管线井、预制排烟道和护栏等。非承重内墙主要包括预制轻质混凝土整体墙板、预制混凝土空心条板、加气混凝土条板、轻钢龙骨内隔墙等。

3.4 设定建筑模数,确定模数协调原则

模数,是指选定的尺寸单位,是尺度协调中的增值单位。例如,建筑层高的模数选用 100 mm,则建筑层高的变化就以 100 mm 为增值单位,设计层高有 3.0 m、3.1 m、3.2 m,不会有 3.05 m、3.16 m、3.23 m 等。

模数协调是应用模数实现尺寸协调。模数的采用及模数协调应以符合部件受力合理、生产简单、优化尺寸和减少部件种类的需要为原则,并满足部件互换、位置可变的要求。在装配式建筑中,模数协调主要包括平面设计的模数协调、设计高度的模数协调以及构造节点的模数协调。

3.4.1 平面设计的模数协调

根据《建筑模数协调标准》(GB/T 50002—2013)的要求,建筑物的开间或柱距,进深或跨度,梁、板、隔墙和门窗洞口等分部件的截面尺寸宜采用水平基本模数和水平扩大模数数列,且水平扩大模数数列宜采用 2 nM、3 nM(n 为自然数,M 是模数协调的最小单位,1 M=100 mm)。

以前,我国在建筑平面设计中,开间、进深尺寸一般采用 3 M(300 mm),限制了设计的灵活性和建筑的多样化。现在采用 2 nM、3 nM 扩大模数数列,增加了设计的灵活性,适应了建筑设计多样化的需求。

3.4.2 设计高度的模数协调

根据《建筑模数协调标准》(GB/T 50002—2013)的要求,建筑物的高度、层高和门窗洞

口高度等宜用竖向基本模数和竖向扩大模数数列，且竖向扩大模数数列宜采用 nM。

考虑经济性与多样性，高度的尺寸数列优先选用 0.5 nM。

3.4.3　构造节点的模数协调

根据《建筑模数协调标准》(GB/T 50002—2013)的要求，构造节点和分部件的接口尺寸等宜采用分模数数列，且分模数数列宜采用 M/10、M/5、M/2。

通过节点模数协调，可以实现连接节点的标准化，提高构件的通用性和互换性。

3.5　装配式混凝土建筑的平面设计

装配式混凝土建筑的平面设计包括总平面设计、平面布置、选择平面形状等。

3.5.1　总平面设计

装配式混凝土建筑的总平面设计应在符合城市总体规划的前提下，充分考虑预制构件及设备的运输通道、堆放以及起重设备所需空间，保证各施工工序的有效衔接，提高效率，缩短施工周期。

3.5.2　平面布置

装配式混凝土建筑的平面布置应满足建筑的使用功能，并符合装配式混凝土结构建筑的建造要求。《装配式混凝土结构技术规程》(JGJ 1—2014)中 5.2 节关于装配式混凝土结构的平面设计有如下规定：

(1) 建筑宜选用大开间、大进深的平面布置。

(2) 承重墙、柱等竖向构件的竖向布置应连续、均匀，应避免抗侧力结构的侧向刚度和承载力沿竖向突变，并应符合现行国家标准《建筑抗震设计规范》(GB 50011—2010)的有关规定。

(3) 门窗洞口宜上下对齐、成列布置，其平面位置和尺寸应满足结构受力及预制构件设计要求；剪力墙结构中不宜采用转角窗。

(4) 厨房和卫生间的平面布置应合理，其平面尺寸宜满足标准化整体橱柜及整体卫浴的要求。

3.5.3　选择平面形状

装配式混凝土建筑的平面形状凹凸过大对抗震不利，平面形状复杂会导致预制构件种类增多，成本增大。国外的装配式混凝土建筑的平面形状以方形、矩形居多，因此，从抗震、经济方面考虑，建筑的平面形状越简单越好。

我国的行业标准《装配式混凝土结构技术规程》(JGJ 1—2014)中关于装配式混凝土结构的平面形状的规定与《高层建筑混凝土结构技术规程》(JGJ 3—2010)中关于混凝土结构平面布置的规定是一样的，具体规定如下：

(1) 平面形状宜简单、规则、对称，质量、刚度分布宜均匀；不应采用严重不规则的平面布置。

(2) 平面长度不宜过长(图 3.1)，长宽比(L/B)宜按平面尺寸及突出部位尺寸的比值限值表采用(表 3.1)。

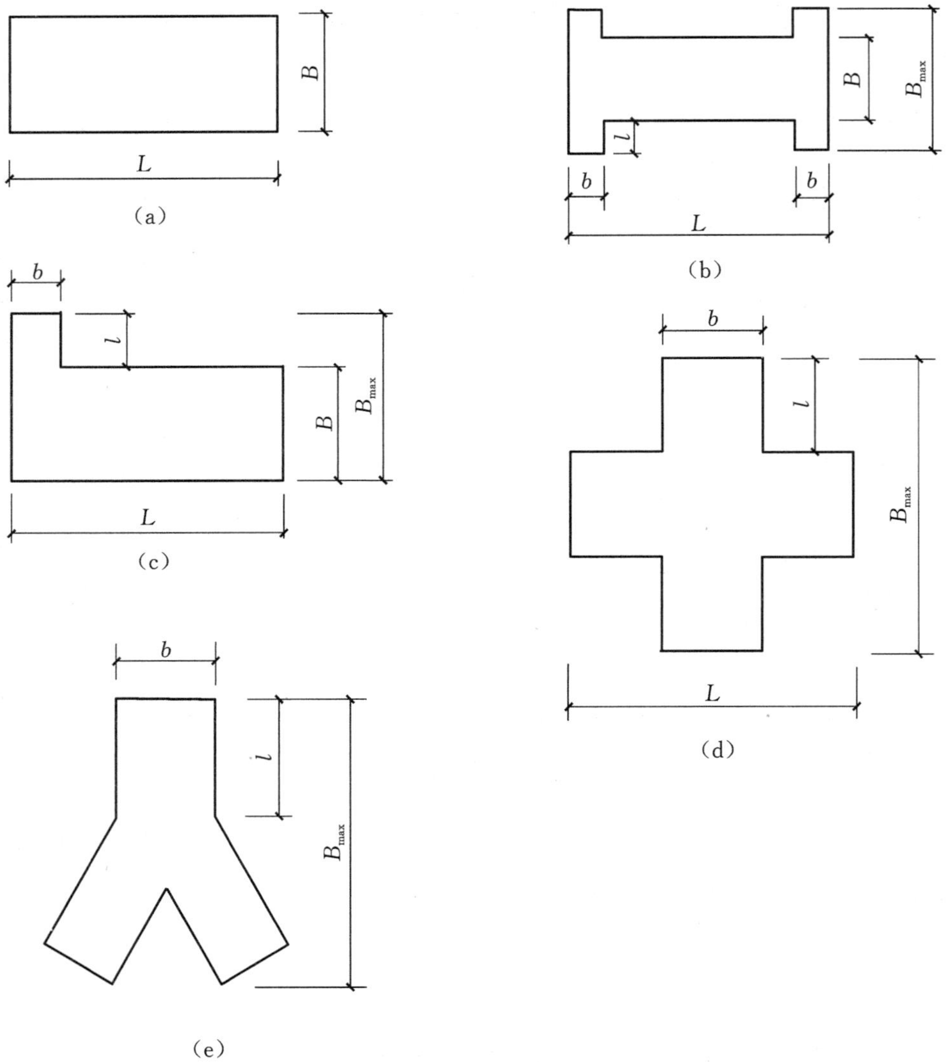

图 3.1 建筑平面示例图

表 3.1　平面尺寸及突出部位尺寸的比值限值表

抗震设防烈度	L/B	L/B_{max}	l/b
6、7 度	≤6.0	≤0.35	≤2.0
8 度	≤5.0	≤0.30	≤1.5

(3) 平面突出部分的长度 l 不宜过大、宽度 b 不宜过小(图 3.1)，l/B_{max}、l/b 宜按平面尺寸及突出部位尺寸的比值限值表采用(表 3.1)。

(4) 平面不宜采用角部重叠或细腰形平面布置。

3.6　装配式混凝土建筑的立面设计

装配式混凝土建筑的立面设计应采用标准化的设计方法，通过模数协调，选用不同层高、不同高度、不同截面尺寸的柱和梁构成的立面或剪力墙的造型实现建筑立面的个性化、多样化，形成丰富多彩的立面效果。

3.6.1　建筑高度及层高的变化

在地块的总体规划设计时，通过设定不同高度、不同层高的建筑单体进行区域组合，形成不同特色的建筑群体，在实现建筑与环境相协调的同时实现建筑立面的个性化、多样化。

设定装配式建筑的层高时，应考虑以下因素：

(1) 室内净高

室内净高是地面完成面(有架空层的是指架空层的面层完成面)至吊顶底面之间的垂直距离，室内净高除满足建设项目的使用要求外，还应符合《民用建筑设计通则》(GB 50352—2005)及相应专用建筑设计规范的要求。

(2) 梁高、板厚

梁高、板厚应根据开间尺寸、结构选型通过计算进行决定。

(3) 吊顶的高度

吊顶的高度主要由梁和机电管线占用的空间高度来决定。

(4) 架空地板的高度

架空地板具有层间隔声好、方便实现同层排水、管线维修更换方便等优点，采用架空地板的做法一般会增加层高 150～200 mm。

住宅楼通层设置地板架空层的层高不宜低于 3.00 m，采用局部设置架空层的层高不宜低于 2.80 m。为了取得较好的空间效果，住宅楼的室内净高可取 3.20 m。

3.6.2 柱和梁构成的立面变化

通过柱和梁构成的立面变化可实现建筑立面的个性化、多样化。柱和梁构成立面的变化有多种方式：

(1) 通过柱和梁的截面尺寸变化构成立面的变化

由纤细的清水混凝土 PC 柱(预制混凝土柱，PC 是英语 Precast Concrete 的缩写，是预制混凝土的意思)、梁与玻璃窗构成的外立面，立面风格显得很轻盈。当柱、梁的截面加大后，玻璃窗的面积变小，立面风格显得厚重。

(2) 通过柱和梁的翼缘及腰线变化构成立面的变化

将柱、梁做成带翼缘的断面(翼缘可单独向立面的一个方向伸出，也可同时向立面的两个方向伸出)，翼缘向立面方向的伸出情况不同，可使玻璃窗的面积有不同程度的缩小，呈现出不同的厚重感。将楼板突出柱、梁做成腰线，丰富了立面的层次感。在突出的腰线外端做成带翼缘的断面，可使玻璃窗的可见面积有不同程度的缩小，在呈现出不同的厚重感的同时带来可变化的光影效果，丰富了立面的层次感。

(3) 通过柱和梁的凹凸变化构成立面的变化

PC 柱、梁与玻璃窗构成的外立面，通过凸出梁、凹入柱，凸显了横向线条；通过凸出柱、凹入梁，凸显了竖向线条；同时凸出梁、柱，构成网格状立面，丰富了立面的层次感。

(4) 通过 PC 幕墙的变化构成立面的变化

PC 幕墙(预制钢筋混凝土外挂墙板组成的幕墙)可做成有窗的、实体的，也可以做成镂空的，还可以做成平面的、曲面的，或做成不同形式组合的，构成丰富多变的立面。

3.6.3 通过剪力墙的造型构成立面的变化

PC 剪力墙外墙板宜做成建筑、结构、围护、保温、装饰一体化的墙板，可通过表面凹凸不大的造型构成立面的变化，也可通过设置分格缝构成立面的变化，或通过设置预制飘窗使立面显得生动和富有变化。通过剪力墙的造型构成立面的变化是多种多样的。

3.7 装配式建筑的表皮造型和质感设计

PC 建筑(即装配式混凝土结构建筑)表皮常见的质感包括清水混凝土、装饰混凝土、涂料、面砖、石材等。

(1) 清水混凝土

清水混凝土可以有光滑如镜面、细腻如绸缎般的质感，或是粗糙表面，但可能会存在色差(水泥批次不同、骨料颜色不同、配合比差异等原因导致),选用时应要求生产厂家提供样板,按确认的样板生产构件。

清水混凝土构件可做成直角、切角、圆弧角,如选用直角时应提出保护构件棱角的措施,避免损坏。

清水混凝土的表面应涂上透明的保护剂,避免被污染。

(2) 装饰混凝土

装饰混凝土的表皮有彩色混凝土、仿砂岩、仿石材、文化石、仿木、仿砖等质感。

装饰混凝土是在混凝土表面附着10～20 mm厚的装饰层,装饰层过薄容易透色(即混凝土浆料的颜色透到装饰混凝土表面),过厚容易开裂。装饰混凝土通过模具的形状和纹理形成质感与造型。

(3) 涂料

混凝土表面的涂漆包括涂乳胶漆、氟碳漆或喷射真石漆等,在光洁的混凝土表面涂漆,其效果比抹灰后涂漆更精致,可避免在光照下显示出凹凸不平的不良观感。涂漆一般在工厂施工,色彩和质量更有保证,但须做好产品保护。

(4) 面砖

装饰面砖的颜色、排砖布置、图案等要求须有详细图样、说明,供货商按照图样、说明配置面砖,特殊的转角瓷砖需按要求进行加工。装饰面砖的背面应有凸键要求,使其可以牢固地镶嵌在混凝土中,防止脱落。

(5) 石材

装饰石材的拼图和拼装要求等应有详细的说明,如是否有缝,缝宽是多少等。石材拉结件的规格和布置应通过结构设计师决定,保证受力安全。石材背面需涂覆隔离剂,这样既防止混凝土"泛碱"透过石材,又避免石材与混凝土之间产生温差应力。

装饰石材可通过"反打"工艺(将石材铺到模具中,装饰面朝向模具,用不锈钢卡钩将石材钩住,嵌在混凝土中)安装,也可以通过采用无龙骨锚栓安装,或采用龙骨安装。

3.8 装配式混凝土建筑外围护的一体化设计

在欧美地区,外墙常采用夹芯保温板(称为"三明治板",由钢筋混凝土外叶板、保温层和钢筋混凝土内叶板组成)的保温方式,墙板实现建筑、结构、保温、装饰一体化;而日本的外墙常采用内保温方式,很少用夹芯保温板(在北海道有应用,其他地区基本不用),这样做有利于节约单元内采暖或空调的能耗(采暖或空调都是以户为单元开启和计量)。

我国的装配式混凝土建筑应根据建筑结构的形式和地域气候特征合理选择装配式围护结构类型,其主要类型包括预制外挂墙板、蒸压加气混凝土板、非承重木骨架组合外墙以及其他类型的围护结构。

进行装配式混凝土建筑的外围护设计时，应争取做到建筑、结构、保温、装饰一体化。当建筑的外围护采用整件板时，可实现墙板与外门窗、保温、装饰一体化；当采用横向和竖向条形板时，可实现保温、装饰一体化，无法实现与外门窗一体化，外门窗可通过设置预埋木砖等进行安装。

3.9 外墙预制构件接缝的防水、防火等构造设计

3.9.1 防水构造设计

我国南北方气候差异较大，施工工法有所不同，设计时应根据实际情况并结合地方标准进行。防水构造设计内容主要包括：预制外墙接缝防水，外墙门窗连接节点防水，滴水、排水、泛水构造。

(1) 预制外墙接缝防水

预制外墙接缝包括屋面女儿墙、阳台、勒脚等处的水平缝、竖缝、斜缝、十字缝、变形缝(外墙立面不宜形成 T 形缝)。

① 水平缝、竖缝

水平缝、竖缝宜选用构造防水与材料防水相结合的两道防水构造。采用构造防水时，水平缝宜采用企口缝或高低缝，竖缝宜采用双直槽缝，并在预制外墙板十字缝部位每隔三层设置排水管引水外流，板缝内侧应增设气密条密封构造。当竖缝下方是窗或其他构件时，应在其上部设置引水外流排水管。采用材料防水时，应使用防水性能、耐候性能和耐老化性能优良的防水密封胶作嵌缝材料，以保证预制外墙板接缝的防水效果和使用年限。板缝宽度不宜大于 20 mm，材料防水的嵌缝深度不应小于 20 mm。

② 斜缝

与水平面夹角小于 30°的斜缝按水平缝进行构造设计，其余斜缝按竖缝进行构造设计。

③ 变形缝

有防水要求的建筑变形缝应安装止水带，并采取合理的防排水措施。

(2) 外墙门窗连接节点防水

外墙门窗与外墙板之间的连接分预装法和现场安装法。香港、深圳和广州等地属于多雨地区，外墙门窗安装通常采用预装法，在工厂生产时将外门窗框直接预埋于外墙板中，浇筑混凝土后形成整体，能更好地保证门窗框与外墙板之间的密封性，提高防水性能，但在运输、吊装过程中应加强成品保护，应有相应的成品保护措施。应当注意，窗洞开在整块外墙板上时，才适合采用预装法；如有一边是敞口的，则不宜采用预装法。

对于北方地区，如北京市预制外墙板的门窗框不宜采用预装法，外门窗应与洞口主体结构可靠连接并通过密封胶密封，门窗与混凝土构件的接缝不应渗水。采用现场安装法安装门窗框时，预制外墙板上应预埋连接件及连接构造[北京市地方标准《装配式剪力墙住宅建筑设计规程》(DB11/T 970—2013)]。

(3) 滴水、排水、泛水构造

滴水构造、排水坡度和防止渗漏的女儿墙泛水构造或飘窗泛水构造等须在 PC 构件制作时形成。

① 滴水构造

设置在窗上口的梁或墙、挑檐板、飘窗顶板、阳台、空调板、遮阳板等水平方向的悬挑构件应设置滴水构造，滴水构造宜用滴水槽，不宜用鹰嘴构造。

② 排水构造

挑檐板、飘窗顶板、阳台、空调板、遮阳板等水平方向悬挑构件的排水构造主要是设置排水坡度。对于叠合悬挑构件，排水坡度是在后浇混凝土时制作；对于全预制构件，排水坡度是在工厂时与构件一起制作。

③ 泛水构造

女儿墙和飘窗的墙板泛水构造须在工厂预制时与构件一起制作。

3.9.2　防火构造设计

对于装配式建筑的节点构造设计，应注意适用的地域范围。如在地方标准中，防火、防水、隔声、保温等要求严于国家标准，应按照地方标准的规定执行。

装配式建筑的防火设计应符合《建筑设计防火规范》(GB 50016—2014)的规定：建筑内预制钢筋混凝土构件的节点外露部位，应采取防火保护措施，且节点的耐火极限不应低于相应构件的耐火极限。建筑外墙采用保温材料与两侧墙体构成无空腔复合保温结构体时，该结构体的耐火极限应符合本规范的有关规定；当保温材料的燃烧性能为 B1、B2 级时，保温材料两侧的墙体应采用不燃材料且厚度均不应小于 50 mm。

在地方标准中，如上海市的《装配整体式混凝土公共建筑设计规程》(DGJ 08—2154—2014)，对预制外墙板的防火设计有明确规定，应符合下列要求：预制外墙板与各层楼板、防火墙相交部位应设置防火封堵，封堵构造的耐火极限应满足现行国家建筑设计防火规范对建筑外墙的要求。

构造节点的设计也有通用的规定，可参照国家建筑标准设计图集《预制混凝土外墙挂板》(08SJ110—208SG333)、《装配式混凝土结构住宅建筑设计示例(剪力墙结构)》(15J939-1)的要求执行。

3.10 建筑、结构、机电设备、室内装修一体化设计

装配式混凝土建筑的设计中,建筑师需协同结构、机电设备、室内装修等专业进行一体化设计,以解决电气干线、电信(网线、电话线、有线电视线、可视门铃线)干线、自来水给水、中水给水、热水给水、雨水立管、消防立管、排水、暖气、燃气、通风、烟气管线等安装问题。

竖向管线宜集中布置,一般设置在管线井内,满足维修更换的要求。竖向管线穿过楼板时,需在预制楼板上预留孔洞,并衬套管,套管应考虑混凝土后浇层厚度和按规范要求高出地面,并落实到构件制作图中。竖向管线穿过楼板的孔洞位置、直径以及防水、防火、隔声的封堵构造设计等与现浇混凝土结构建筑的要求相同。

设置架空层时,可以方便地实现同层排水,多户共用竖向排水干管,管线敷设对结构没有影响,应优先考虑设置架空层。

不设置架空层时,为实现同层排水,应将卫生间的楼板下降高度,满足水平管线暗敷设置要求。有条件的,应采用整体浴室和整体厨房,并在构件制作图中明确管线孔洞、预埋件等制作要求。当不采用整体浴室时,卫生间顶棚或墙壁应考虑电源、给水、热水、中水和排水的管线固定和排气扇、淋浴器、灯具、镜子等设施固定的预埋螺母或预埋件的设置。当不采用整体厨房时,厨房顶棚或墙壁应考虑给水、排水、燃气管线固定和吸油烟机、排烟道固定的预埋螺母或预埋件的设置。横向管线穿过结构梁、墙时,需要在梁或墙体上预留孔洞或套管。预留孔洞、预埋螺母或预埋件的设置等需落实到构件制作图中。

装配式混凝土建筑宜设吊顶,将管线暗敷设置在吊顶与楼板之间,各专业需提供固定管线和设备的预埋螺母或预埋件位置、重量以及设备尺寸等,由建筑师统一布置,并落实到构件制作图中。不设吊顶时,给水、排水、暖气、空调、通风、燃气的管线不能埋置在预制构件或叠合板后浇筑混凝土层中,应另行解决该管线的敷设问题。电源线和弱电管线可以埋设在结构混凝土中,但须同时埋设灯具接线盒和安装螺母或预埋件,为此,楼板可能需要增加厚度 20 mm。

如果需要在梁、柱上固定管线或设备,应当在构件预制时埋入内埋式螺母或预埋件,并落实到构件制作图中。内隔墙应采用方便敷设管线的空心墙板等墙材,外围护结构墙板不应埋设管线和固定管线、设备的预埋螺母或预埋件,如外墙所在墙面需要设置电源、电视插座或埋设其他管线,须在外墙内壁设置架空层,在架空层内暗敷设置管线。

如果需要在剪力墙或连梁上固定管线或设备,应当在构件预制时埋入内埋式螺母或预埋件,并落实到构件制作图中。剪力墙结构外墙不应埋设管线和固定管线、设备的预埋螺母或预埋件,如外墙所在墙面需要设置电源、电视插座或埋设其他管线,须在外墙内壁设置架空层,在架空层内暗敷设置管线。剪力墙内墙如果有架空层,管线敷设在架空层内;如果没有架空层,电源线、照明开关、电源插座、电话线、网线、有线电视线、可视门铃线及其插座和接线盒,可埋设在剪力墙体内,但须预埋线管或预留沟槽,并避开钢筋,避开套筒、浆锚连接

孔等连接区域，高于连接区域 100 mm 以上，并落实到构件制作图中。电气以外的其他管线不能埋设在剪力墙内，墙体没有设置架空层时，管线应明管敷设。

防雷引下线的设置不能用钢筋作连接线，应埋设镀锌扁钢带作防雷引下线。镀锌扁钢带的截面尺寸不应小于 25 mm×4 mm，并在柱子或墙板的构件制作图中给出明确的位置及连接要求。防雷引下线的连接一般在现场焊接，焊接后进行防锈蚀处理。美国采用涂刷富锌防锈漆进行防锈蚀处理；日本则采用专用铜线（直径 10～15 mm）接头进行连接，不需进行接头的防锈蚀处理。防雷引下线应与阳台金属护栏、铝合金窗、金属百叶窗、金属防盗网等进行可靠连接。

第4章 装配式混凝土建筑的结构设计

纵观我国装配式建筑的发展历程，可以看到装配式建筑应用由多层砖混向高层住宅不断发展，以及不同时期全国各典型城市建筑工业化的发展特点。

(1) 发展初期(1950年至1975年)

工业建筑方面，苏联帮助我国建设的153个大型建筑项目大都采用了预制装配式混凝土技术，柱、梁、屋架和屋面板都在工地附近的场地预制，在现场用履带式起重机吊装，但墙体仍为手工砌筑的小型黏土红砖墙。居住建筑方面，预制构件主要是空心楼板，初期使用手工制作，一百多千克的空心楼板用人力就可以抬起就位，不需设备吊装。后来，北京的构件厂用钢模在振动台上成型、经过蒸汽养护制成的空心楼板，成为预制生产的示范。全国混凝土预制技术的迅猛发展，促进了住宅装配化的发展。但因当时装配式住宅的许多技术未经过科学验证，多种专用材料(如绝热材料、密封材料、防水材料等)的性能尚不过关，造成外墙渗漏、室内结露等病害，后因使用质量不佳，最终很多装配式住宅被拆除。

(2) 发展起伏期(1976年至1995年)

这个时期装配式建筑经历了停滞、发展、再停滞的起伏波动阶段。1976年至1978年，装配式建筑主要是多层的无筋砖混结构住宅，以小型黏土砖砌成的墙体承重，而楼板则多采用预制空心楼板，水平构件基本没有拉结，砌体墙无配筋，在防水、冷桥、隔声等方面出现了一系列问题。之后，北京、天津一带的砖混结构统统用现浇圈梁和竖向构造柱形成的框架加固。1978年至20世纪80年代初(改革开放以后)，在"四化、三改、两加强"(即房屋建造体系化、制品生产工厂化、施工操作机械化、组织管理科学化；改革建筑结构、改革地基基础、改革建筑设备；加强建筑材料生产、加强建筑机具生产)的影响下，我国装配式建筑的发展出现了一轮高峰。但随着装配式建筑的大规模上马，构件需求快速增长，工业化的构件生产无法满足建设需要，出现了构件质量下滑。20世纪80年代初至1995年。国外现浇混凝土结构被介绍到我国，并发展成内浇外砌、内浇外挂、大模板全现浇等不同体系，这类体系解决了高层建筑用框架结构时复杂的抗震设计问题，应用极为广泛。另外，由于已建成的装配式建筑逐渐在防水、冷桥、隔声等方面暴露出一系列技术质量问题，使得一度兴旺的建筑工业化又逐渐陷入了停滞阶段。

(3) 发展提升期(1996年至2015年)

1999年8月20日，国务院办公厅转发了《关于推进住宅产业现代化 提高住宅质量的若干意见》(国办发[1999]72号)文件，明确了住宅产业现代化的发展目标、任务、措施等。原建设部专门成立建设部住宅产业化促进中心，配合指导全国住宅产业化工作，装配式建筑的发展迎来了一个新的发展阶段。

近十年来，随着国民经济的持续快速发展、节能环保要求的提高以及劳动力成本的不断增长，我国对装配式混凝土结构的推广逐渐升温。

① 试点城市、示范项目的带动效果越来越明显。自 2006 年开始设立国家住宅产业化基地以来，全国先后批准了 6 个住宅产业化试点城市、3 个国家住宅产业现代化示范城市和 46 个住宅开发和部品部件生产企业。

② 相关技术标准越来越完善。先后发布了《装配式混凝土结构技术规程》(JGJ 1—2014)、《装配式混凝土建筑技术标准》(GB/T 51231—2016)、《预制预应力混凝土装配整体式框架结构技术规程》(JGJ 224—2016)等相关的技术标准和规程。

③ 产业聚集效应明显。建筑业的大型企业热烈响应，积极主动开展装配式建筑的研发和实践。

4.1　我国装配式混凝土结构设计的主要特点

目前，装配式混凝土结构设计最大的特点是等同于现浇，通过预制构件的受力钢筋连接、预制构件与后浇混凝土相结合，形成可靠的连接节点，将预制构件连接成一个整体，达到与现浇混凝土结构性能基本等同的效果。

由于在国外的高层建筑很少采用装配式剪力墙结构，因此，我国的装配式剪力墙结构是在借鉴国外的装配式大板建筑、钢筋连接、节点构造技术等的基础上，自主研发的结构体系，呈现出不同的结构技术，如浆锚搭接连接技术、灌浆套筒连接技术、预制外挂墙板、叠合剪力墙等。

4.2　装配式混凝土结构的主要技术体系

从结构形式来分，装配式混凝土建筑主要有框架结构、剪力墙结构、框架-剪力墙结构、框架-核心筒结构、框架-斜撑结构等结构体系。

按照预制混凝土构件在结构中的应用部位来分，可分为：

① 竖向承重构件采用现浇结构，外围护墙、内隔墙、楼板、楼梯等采用预制构件；

② 部分竖向承重结构构件以及外围护墙、内隔墙、楼板、楼梯等采用预制构件；

③ 全部竖向承重结构、水平构件和非结构构件均采用预制构件。

按照主要预制承重构件在结构中的连接方式的整体性能来分，可分为装配整体式混凝土结构和全装配式混凝土结构。装配整体式混凝土结构以钢筋和后浇混凝土为主要连接方式，性能等同或者接近于现浇结构，参照现浇结构进行设计；全装配式混凝土结构的预制构件间可采用干式连接方法，安装简单方便，但设计方法与现浇混凝土结构有较大区别，还在研究阶段。

4.3 装配式混凝土框架结构体系

4.3.1 装配式混凝土框架结构的适用范围

与日本以及我国台湾等地区相比较，我国大陆地区装配式框架结构的适用高度较低，主要应用于厂房、仓库、商场、停车场、办公楼、教学楼、医务楼、商务楼等建筑，较少应用于居住建筑，这些建筑具有大空间和室内布局灵活等特点，结合外墙板、内墙板及预制楼板或预制叠合楼板应用，预制率可以达到很高水平，适合建筑工业化发展。

装配整体式框架结构房屋的最大适用高度见表 4.1。

表 4.1 装配整体式框架结构房屋最大适用高度(m)

抗震设防烈度	6 度	7 度	8 度(0.20 g)	8 度(0.30 g)
适用高度	60	50	40	30

对预制预应力混凝土装配整体式框架结构，乙类、丙类建筑的最大适用高度(m)应符合表 4.2 的规定。

表 4.2 预制预应力混凝土装配整体式框架结构乙类、丙类建筑的最大适用高度(m)

结构类型		非抗震设计	抗震设防烈度	
			6 度	7 度
装配式框架结构	采用预制柱	70	50	45
	采用现浇柱	70	55	50

4.3.2 装配式混凝土框架结构的分类

目前，我国的装配式混凝土框架结构根据构件形式及连接形式，大致可分为以下几种：

(1) 框架柱现浇，梁、楼板、楼梯等采用预制叠合构件或预制构件，是装配式混凝土框架结构的初级技术体系。

(2) 预制框架柱、梁、楼板、楼梯等，节点采用刚性连接，性能接近于现浇框架结构。根据连接形式，可细分为：

① 框架梁、柱预制，通过梁柱后浇节点区进行整体连接。

② 梁柱节点与构件一同预制，在梁、柱构件上设置后浇段连接。

③ 采用现浇或多段预制混凝土柱，预制预应力混凝土叠合梁、板，通过钢筋混凝土后浇

部分将梁、板、柱及节点连成整体的框架结构体系。

④ 采用预埋型钢等进行辅助连接的框架体系。通常采用预制框架柱、叠合梁、叠合板或预制楼板，通过梁、柱内预埋型钢螺栓连接或焊接，并结合节点区后浇混凝土，形成整体结构。

⑤ 框架梁、柱均为预制，采用后张预应力筋自复位连接，或者采用预埋件和螺栓连接等形式，节点性能介于刚性连接与铰接之间。

⑥ 装配式混凝土框架结构结合应用钢支撑或者消能减震装置。这种体系可提高结构抗震性能，扩大其适用范围。目前，这项技术还有待于进一步研究。

4.3.3　装配式混凝土框架结构的构件拆分设计

在装配式混凝土结构的设计过程中，需要对构件进行深化设计，主要包括构件的拆分设计、构件的拼装连接设计以及构件加工的细化设计。深化设计后，装配式混凝土框架结构应能满足“强柱弱梁、强剪弱弯、强节点弱构件”的设计原则。

装配式混凝土框架结构的构件拆分设计主要是对柱、梁、楼板、墙板、楼梯等构件进行拆分，确定预制构件的结构形式及尺寸要求、连接方式等内容。为了便于工厂化生产，并考虑预制构件的运输、安装等环节的要求，预制构件的拆分设计应遵循结构受力合理、连接简单、制作安装方便、少规格、多组合的原则。通过对比，重量在 4 t 以内时，构件的运输、吊装比较方便，成本也较低。因此，预制梁、柱等构件的重量应控制在 4 t 以下，一般不超过 6 t；预制楼板的宽度应结合运输和生产场地等条件，控制在 3 m 以内；楼梯间的布置不应导致结构平面显著不规则，并应统一成相同的开间尺寸及结构形状，而不是镜像关系的楼梯，以减少楼梯构件的数量。合适的预制构件重量和尺寸，易于保证工程质量及控制建造成本。

(1) 柱的拆分

柱一般按层高进行拆分，根据《预制预应力混凝土装配整体式框架结构技术规程》(JGJ 224—2010)中的相关规定：一次成型的预制柱的长度不宜超过 14 m 和 4 层层高的较小值。柱也可以拆分为多节柱。由于多节柱的制作、运输、吊装、就位等环节的操作比较困难，设计时一般按层高拆分为单节柱，方便预制柱的制作、运输、吊装及垂直度控制，以保证质量。矩形柱截面宽度或圆柱直径不宜小于 400 mm，且不宜小于同方向框架梁宽的 1.5 倍。

(2) 梁的拆分

装配式框架结构中的梁包括主梁、次梁。主梁一般按柱网拆分为单跨梁；次梁以主梁间距为单元拆分为单跨梁。

(3) 楼板的拆分

楼板按单向叠合板、带接缝的双向叠合板和无接缝的双向叠合板进行拆分，如图 4.1

所示。

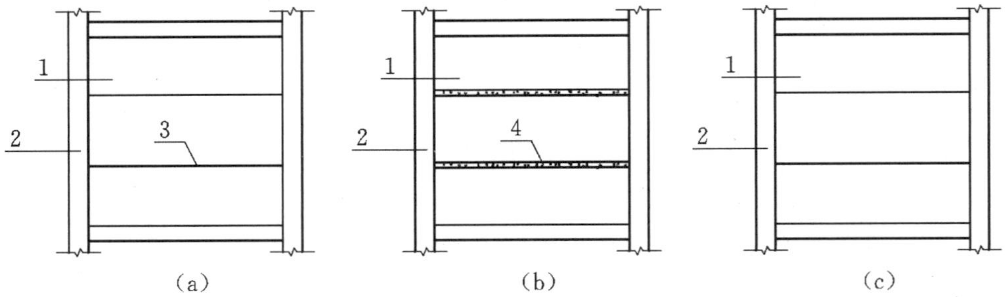

图 4.1 楼板拆分示意

(a)单向叠合板;(b)带接缝的双向叠合板;(c)无接缝的双向叠合板

1—预制板;2—梁或墙;3—板侧分离式接缝;4—板侧整体式接缝

拆分为单向叠合板时,楼板沿非受力方向划分,预制板采用分离式接缝,可在任意位置拼接;对长宽比不大于 3 的四边支承叠合板,拆分为双向叠合板时,预制板之间可采用整体式接缝或无接缝,接缝位置宜设置在叠板的次要受力方向且避开最大弯矩截面,接缝可采用宽度不小于 200 mm 的后浇带形式。在一个区间内,预制板应尽量选择等宽拆分,以减少预制板的类型。预制板的拆分还需考虑灯具位置、强弱电线管、卫生间等的影响。

预制板的底板厚度应根据板的尺寸以及预制过程、吊装过程、现场浇筑过程所受荷载来确定。一般来说,叠合板的预制板厚度不宜小于 60 mm,后浇混凝土叠合层厚度不应小于 60 mm。当叠合板的跨度大于 3 m 时,宜采用桁架钢筋混凝土叠合板;当叠合板的跨度大于 6 m 时,宜采用预应力混凝土预制板;当叠合板的板厚大于 180 mm 时,宜采用混凝土空心板,板端空腔应封堵。

(4) 外挂墙板的拆分

外挂墙板是指装配式混凝土框架结构上的非承重外墙围护挂板或装饰板,其几何尺寸要考虑到施工和运输条件、主体结构层间位移等因素的影响,其拆分仅限于一个层高和一个开间,再结合外挂墙板相对于主体结构可能产生位移情况和建筑立面特征进行板型选择:

① 相对于主体结构可能产生转动时,可选择整间板或竖条板;

② 相对于主体结构可能产生平移和转动时,可选择整间板;

③ 相对于主体结构固定不变时,可选择整间板、竖条板、横条板。

外挂墙板拆分的尺寸应根据建筑立面的特点,将墙板接缝位置与建筑立面相对应,既要满足墙板的尺寸控制要求,又要满足立面分割的审美要求和立面分块要求。

(5) 楼梯的拆分

预制混凝土楼梯宜采用梁承式楼梯,双跑楼梯与剪刀楼梯宜以一跑楼梯为单元进行拆分,各梯段净宽、梯段长度、梯段高度应统一。双跑楼梯半层处的休息平台板,可与其竖向支承构件一起预制;剪刀楼梯可设计成梁式楼梯,以减少预制混凝土楼梯板的重量。预制楼梯板宜采用一端固定铰一端滑动铰的方式连接,其滑动变形能力应满足罕遇地震作用下结构弹塑性层间变形的要求，且端部在支承构件上的最小搁置长度应符合表 4.3 的要求。

表 4.3　预制楼梯板在支承构件上的最小搁置长度

抗震设防烈度	6	7	8
最小搁置长度(mm)	100	100	150

4.3.4　装配式混凝土框架结构的构件配筋、连接设计

装配式混凝土框架结构的设计应深化预制构件的配筋、构件连接方面的设计。

4.3.4.1　适当调整预制构件的配筋，适合制作和安装要求

预制框架柱、预制叠合框架梁、预制或现浇柱梁节点的配筋构造做法与现浇框架结构构件的配筋构造做法不完全相同，为了适合预制构件的制作和安装要求，应对其配筋进行调整：

（1）在同等情况下，预制柱、预制（叠合）梁内的纵向受力钢筋布置宜采用较少根数、较大直径。预制柱的纵向钢筋直径不宜小于 20 mm，间距不宜大于 200 mm，可集中在四角对称布置。

（2）在预制柱底部和顶部、预制（叠合）梁近柱的区域、主次梁交叉处主梁两侧等部位，应采取箍筋加密措施。如预制柱纵向受力钢筋采用套筒灌浆连接时，柱箍筋加密区长度不应小于纵向受力钢筋连接区域长度与 500 mm 之和，套筒上端第一个箍筋距离套筒顶部不应大于 50 mm。

（3）预制柱、预制（叠合）梁外伸钢筋的配筋构造要考虑相邻构件安装施工时的钢筋连接和避让、现场施工钢筋的放置和固定等要求。

4.3.4.2　深化预制构件的连接设计

装配式混凝土框架结构的连接设计主要包括预制柱的连接设计、梁柱的连接设计、主次梁的连接设计、预制板与梁的连接设计、预制板与预制板的连接设计及其他构件的连接设计等。

（1）预制柱的连接设计

预制柱的连接设计主要是做好预制柱的结合面设计、预制柱的钢筋连接与锚固设计。

① 预制柱的结合面设计

预制柱的底部应设置凹形键槽且要求表面粗糙，键槽应均匀布置，键槽深度不宜小于 30 mm，键槽端部斜面倾角不宜大于 30°；柱顶应要求表面粗糙、无浮浆。

② 预制柱的钢筋连接与锚固设计

预制柱纵向钢筋连接应根据接头受力、施工工艺等要求选用套筒灌浆连接、机械连接、焊

接连接、绑扎搭接连接等连接方式，但不宜采用浆锚搭接连接(因钢筋的直径大于 20 mm)，直接承受动力荷载时，纵向钢筋不应采用浆锚搭接连接。当前比较常用的是套筒灌浆连接，套筒灌浆连接技术成熟，是装配式混凝土框架结构关键、核心的技术之一。

套筒灌浆连接接头要求钢筋的直径不宜大于 40 mm，并贯穿后浇节点区连接；灌浆料的性能应符合现行行业标准《钢筋连接用套筒灌浆料》(JG/T 408—2019)的有关规定，其抗压强度、竖向膨胀率、工作性能应符合表 4.4 至表 4.6 的要求。

表 4.4 灌浆料抗压强度要求

时间(龄期)	抗压强度(N/mm^2)
1 d	≥35
3 d	≥60
28 d	≥85

表 4.5 灌浆料竖向膨胀率要求

项目	竖向膨胀率
3 h	≥0.02%
24 h 与 3 h 差值	0.02%～0.50%

表 4.6 灌浆料拌合物的工作性能要求

项目		工作性能要求
流动度(mm)	初始	≥300
	30 min	≥260
泌水率(%)		0

灌浆套筒应符合现行行业标准《钢筋连接用灌浆套筒》(JG/T 398—2012)的有关规定。套筒主要有全灌浆套筒和半灌浆套筒两种。全灌浆套筒的两端均采用套筒灌浆连接，半灌浆套筒的一端采用套筒灌浆连接，另一端采用机械连接。其中，套筒灌浆连接端用于钢筋锚固的深度不宜小于 8 倍钢筋直径。对于直径 20～25 mm 的钢筋，其直径与套筒灌浆段最小内径的差不应小于 10 mm；对于直径 28～40 mm 的钢筋，其直径与套筒灌浆段最小内径的差不应小于 15 mm。

在预制柱叠合梁框架中，柱底接缝宜设置在楼面标高处，厚度取 20 mm，用灌浆料填实，柱底键槽的形式应便于灌浆料填缝时气体的排出，柱底接缝灌浆可与套筒灌浆同时进行。

(2) 梁柱的连接设计

在预制柱叠合梁框架节点中，梁钢筋在节点中连接及锚固的方式是保障节点受力性能的关键，设计时，应结合装配化施工的可行性进行充分考虑，合理确定梁、柱的截面尺寸、钢筋直径与间距，避免梁柱钢筋在节点区内装配时位置发生冲突。同时，应合理安排节点区箍筋，以保证梁柱节点的连接质量。

① 框架中间层节点

在框架中间层的中节点，节点两侧的梁下部纵向受力钢筋宜锚固在后浇节点区内，为了便于施工，可采用直线锚固的方式，当柱截面尺寸不满足其直线锚固要求时，宜采用锚固板锚固，也可以采用 90°弯折锚固；梁的上部纵向受力钢筋应贯穿后浇节点区。

对于框架中间层的端节点，当柱截面尺寸不满足梁纵向受力钢筋的直线锚固要求时，宜采用锚固板锚固，也可以采用 90°弯折锚固。

② 框架顶层节点

对于框架顶层的中节点，梁纵向受力钢筋的构造同框架中间层中节点。柱纵向受力钢筋宜采用直线锚固，当柱顶后浇段的尺寸不满足直线锚固要求时，可采用锚固板锚固。

对于框架顶层的端节点，梁纵向受力钢筋应锚固在后浇节点区内，且宜采用锚固板的方式锚固。柱宜伸出屋面并将柱的纵向受力钢筋锚固在伸出段内，伸出段长度不宜小于 500 mm，且满足直径最大柱筋的直线锚固要求，伸出段内箍筋间距不应大于 5 倍的柱纵向受力钢筋直径（按最小直径计算），且不应大于 100 mm。

③ 预制柱叠合梁框架节点区

当柱截面较小、梁柱的钢筋放置有困难时，叠合梁下部纵向受力钢筋可在核心区外梁端后浇段内连接，同时结合实际情况，可在核心区外一侧梁端后浇段内连接，也可在核心区外两侧梁端后浇段内连接。为保证节点区的受力性能，钢筋连接接头与柱边的水平距离不应小于 0.5 倍框架梁的截面高度，且不应小于 300 mm，叠合梁后浇叠合层顶部的水平钢筋应贯穿后浇核心区。梁端后浇段的箍筋尚应满足下列要求：

a. 箍筋间距不宜大于 75 mm。

b. 抗震等级为一、二级时，箍筋直径不应小于 10 mm；抗震等级为三、四级时，箍筋直径不应小于 8 mm。

当装配整体式框架采用后张预应力叠合梁时，预应力钢绞线的设置应符合现行行业标准《预应力混凝土结构设计规范》（JGJ 369—2016）、《预应力混凝土结构抗震设计规程》（JGJ 140—2004）及《无粘结预应力混凝土结构技术规程》（JGJ 92—2016）的有关规定。

（3）主次梁的连接设计

主梁与次梁采用后浇段连接时，应符合下列规定：

① 在端部节点处，次梁下部纵向钢筋伸入主梁后浇段内的长度不应小于 $12d$。次梁上部纵向钢筋应在主梁后浇段内锚固。当采用弯折锚固或锚固板时，锚固直线段长度不应小于 0.6 倍锚固长度；当钢筋应力不大于钢筋强度设计值的 50%时，锚固直线段长度不应小于 0.35 倍锚固长度；弯折锚固的弯折后直段长度不应小于 $12d$（d 为纵向钢筋直径）。

② 在中间节点处，两侧次梁的下部纵向钢筋伸入主梁后浇段内长度不应小于 $12d$（d 为纵向钢筋直径）；次梁上部纵向钢筋应在现浇层内贯通。

（4）预制板与梁的连接设计

① 预制板与边梁的连接

预制板内的纵向受力钢筋宜从板端伸出并锚入支承梁的后浇混凝土中，锚固长度不应小于 5 倍的纵向受力钢筋直径，且宜伸过支座中心线。

当采用桁架钢筋混凝土叠合板，且桁架钢筋混凝土叠合板的后浇混凝土叠合层厚度不小于 100 mm 且不小于预制板厚度的 1.5 倍时，预制板板底受力钢筋可采用间接搭接方式锚入支承梁内，预制板底受力钢筋可不伸出板端，但需在现浇层内的底部设置附加钢筋伸入支承梁内锚固，同时满足下列要求：

a. 附加钢筋面积不应少于受力方向跨中板底钢筋面积的 1/3。

b. 附加钢筋直径不宜小于 8 mm，间距不宜大于 250 mm。

c. 当附加钢筋为构造钢筋时，伸入楼板的长度不应小于与板底钢筋的受压搭接长度，伸入支承梁的长度不应小于 15 倍附加钢筋直径，且宜伸过梁的中心线；当附加钢筋承受拉力时，伸入楼板的长度不应小于与板底钢筋的受拉搭接长度，伸入支承梁的长度不应小于受拉钢筋锚固长度。

d. 垂直于附加钢筋的方向应布置横向分布附加钢筋，在搭接范围内不宜少于 3 根，且钢筋直径不宜小于 6 mm，间距不宜大于 250 mm。

单向叠合板内的分布钢筋若伸入支承梁的后浇混凝土中，其锚固长度不应小于 5 倍的纵向受力钢筋直径，且宜伸过支座中心线。当叠合板底分布钢筋不伸入支承梁的后浇混凝土中时，宜在紧邻预制板顶面的后浇混凝土叠合层中设置板底横向连接钢筋，其截面面积不宜小于预制板内的同向分布钢筋截面面积，间距不宜大于 600 mm，在板的后浇混凝土叠合层内锚固长度不应小于 15 倍钢筋直径，在支承梁内的锚固长度不应小于 15 倍钢筋直径且宜伸过支承梁中心线。

② 预制板与中梁的连接

预制板与中梁的连接应满足以下要求：

a. 上部负弯矩钢筋与另一侧板的负弯矩钢筋共用一根钢筋，与现浇板的负弯矩钢筋布置相同。

b. 底部伸入中梁的钢筋与板侧边梁的连接相同。

c. 如果中梁两边的板都是单向板的侧边，连接钢筋合为一根；如果有一个板不是单向板的侧边，则与板侧边梁的连接相同。

(5) 预制板与预制板的连接设计

预制板与预制板的连接分单向叠合预制板的连接与双向叠合预制板的连接。

① 单向叠合预制板的连接

单向叠合预制板板侧的分离式接缝宜配置附加钢筋，并应满足下列要求：

a. 接缝处紧邻预制板顶面宜设置垂直于板缝的附加钢筋，附加钢筋伸入两侧后浇混凝土叠合层的锚固长度不应小于 15 倍的附加钢筋直径。

b. 附加钢筋截面面积不宜小于预制板中该方向钢筋面积，钢筋直径不宜小于 6 mm，间距不宜大于 250 mm，附加钢筋的两端宜设分布筋固定。

② 双向叠合预制板的连接

双向叠合预制板板侧的整体式接缝宜设置在叠合板的次要受力方向上且宜避开最大弯矩截面，可设置在距离支座 $L/3$ 尺寸的附近位置（L 为双向板次要受力方向的净跨度）。接缝可采用后浇带形式，并应满足下列要求：

a. 后浇带的宽度不宜小于 200 mm。

b. 后浇带两侧板底纵向受力钢筋可在后浇带中焊接、搭接连接、弯折锚固。

c. 后浇带两侧板底纵向受力钢筋在后浇带中弯折锚固时，叠合板厚度不应小于 10 倍弯折钢筋直径（取较大值），且不应小于 120 mm；接缝处预制板侧伸出的纵向受力钢筋应在后浇混凝土叠合层内锚固，且满足锚固长度（l_a）要求；两侧钢筋在接缝处重叠的长度不应小于 10 倍弯折钢筋直径（取较大值），钢筋弯折角度不应大于 30°，内侧弯折处沿接缝方向应配置不少于 2 根通长的构造钢筋，且直径不应小于该方向预制板内钢筋直径，如图 4.2 所示。

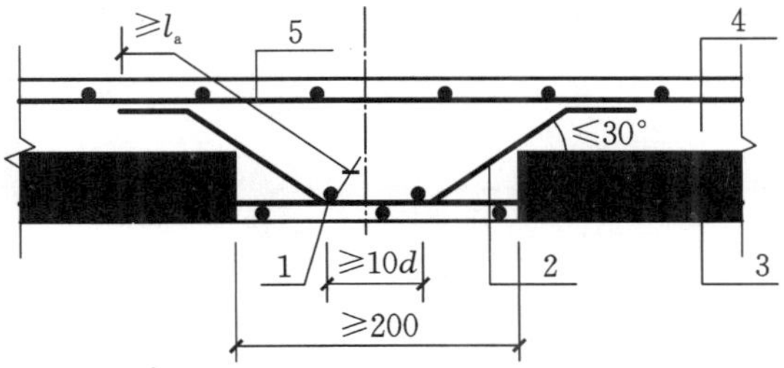

图 4.2　双向叠合预制板的后浇带连接

1—构造钢筋；2—板底受力钢筋；3—预制板；4—后浇混凝土叠合层；5—后浇层内钢筋

(6) 其他构件的连接设计

① 叠合阳台梁板的连接

在装配式混凝土结构中，叠合阳台梁板的数量较多，其连接与叠合楼板及叠合梁的连接类似。叠合阳台梁板由预制阳台梁板（板为单向板）和叠合部分组成，主要通过预制阳台梁、板的预留钢筋分别与相邻的柱、梁进行锚固连接，并安装叠合层的钢筋，与主体结构连接为整体。

② 预制混凝土空调板的连接

预制混凝土空调板一般有单边支承与两相邻边支承两种情况，按照板与梁的连接方式进行连接。在预制混凝土空调板内，预留的弯矩钢筋及板底分布筋分别伸入主体结构后浇层，与主体结构梁板钢筋可靠绑扎，浇筑成整体。对一、二级抗震等级，负弯矩钢筋伸入主体结构的水平长度不应小于 1.15 倍基本锚固长度；对三级抗震等级，负弯矩钢筋伸入主体结构的水平长度不应小于 1.05 倍基本锚固长度；对四级抗震等级，负弯矩钢筋伸入主体结构的水平长度不应小于 1.00 倍基本锚固长度。

4.4　装配式混凝土剪力墙结构体系

工程中常用的装配式混凝土剪力墙结构按照主要受力构件的预制及连接方式可分为四

种:装配整体式剪力墙结构、叠合板混凝土剪力墙结构、多层装配式剪力墙结构、工业化的现浇剪力墙结构。

4.4.1 装配整体式剪力墙结构

装配整体式剪力墙结构是全部或者部分剪力墙采用预制构件,构件之间采用湿式连接,结构性能可等同于现浇结构。装配整体式剪力墙结构按照现浇结构的设计方法进行设计,预制剪力墙之间设置连接区域,采用后浇混凝土连接,墙板水平钢筋在后浇段内锚固或者搭接;在各层楼面和屋面设置水平现浇带或者圈梁与预制叠合板连接成整体。

装配整体式剪力墙结构房屋的最大适用高度见表 4.7。

表 4.7　装配整体式剪力墙结构房屋最大适用高度(m)

非抗震设计	抗震设防烈度		
	6 度	7 度	8 度(0.2*g*)
140(130)	130(120)	110(100)	90(80)

预制剪力墙中竖向接缝对剪力墙的刚度有一定影响,为了安全起见,结构整体适用高度有所降低。当预制剪力构件底部承担的总剪力超过该层总剪力的 50%时,房屋的最大适用高度适当降低;当预制剪力构件底部承担的总剪力超过该层总剪力的 80%时,房屋的最大适用高度采用表 4.7 中括号内的数值。

按照剪力墙构件之间的接缝连接形式以及墙板竖向钢筋在后浇段内锚固或者搭接方式,将预制剪力墙水平接缝处及竖向钢筋的连接划分为以下几种:

(1) 竖向钢筋采用套筒灌浆连接,拼缝采用灌浆料填实;

(2) 竖向钢筋采用螺旋箍筋约束浆锚搭接连接,拼缝采用灌浆料填实;

(3) 竖向钢筋采用金属波纹管浆锚搭接连接,拼缝采用灌浆料填实;

(4) 竖向钢筋采用套筒灌浆连接结合预留后浇区搭接连接;

(5) 其他方式,包括竖向钢筋在水平后浇带内采用环套钢筋搭接连接;竖向钢筋采用挤压套筒、锥套锁紧等机械连接方式并预留混凝土后浇段;竖向钢筋采用型钢辅助连接或者预埋件螺栓连接;等。

其中,钢筋套筒灌浆连接技术较成熟,但成本相对较高且对施工要求也较高,使用受到限制;螺旋箍筋约束钢筋浆锚搭接连接和金属波纹管钢筋浆锚搭接连接的成本较低,连接技术较成熟,是目前应用较多的两种主要的钢筋间接搭接连接形式。目前,剪力墙底部预留后浇区的钢筋搭接连接技术还处于深入研发阶段。

4.4.2 叠合板混凝土剪力墙结构

叠合板混凝土剪力墙结构是一项引进技术,为了适用我国的要求,尚在进行进一步的技术改良、研发。安徽省已有《叠合板混凝土剪力墙结构技术规程》(DB34/T810—2008)，适用于抗震设防烈度为 7 度及以下地震区和非地震区，房屋高度不超过 60 m、层数在 18 层以内的多层、高层住宅的设计与施工。但不适用于框支剪力墙结构、大底盘多塔楼剪力墙结构、错层剪力墙结构和连体剪力墙结构的多层、高层住宅建筑结构。另外，国家标准《装配式混凝土建筑技术标准》(GB/T 51231—2016)的附录 A 也给出了双面叠合板剪力墙的设计规定，丰富了剪力墙的设计内容。

叠合板混凝土剪力墙结构设计时应注重边缘构件的设计和构造。在多层建筑结构中，叠合板混凝土剪力墙的边缘构件设计可以适当简化，因此，叠合板混凝土剪力墙结构在多层建筑中得到了广泛应用，并能体现出工业化程度高、施工便捷、质量好的特点。

4.4.3　多层装配式剪力墙结构

多层装配式剪力墙结构是参照原行业标准《装配式大板居住建筑设计和施工规程》(JGJ 1—91)的相关节点构造提出的，并在高层装配整体式剪力墙的基础上进行简化，制定的一种主要用于多层建筑的装配式结构。今后，随着我国城镇化的稳步推进，多样化的低层、多层装配式剪力墙结构将在我国乡镇及小城市的建筑中得到大量应用，具有良好应用前景。

多层装配式剪力墙结构的最大适用层数和最大适用高度见表 4.8。

表 4.8　多层装配式剪力墙结构最大适用层数和最大适用高度

抗震设防烈度	6 度	7 度	8 度(0.2*g*)
最大适用层数(层)	9	8	7
最大适用高度(m)	28	24	21

4.4.4　工业化的现浇剪力墙结构

工业化的现浇剪力墙结构是指结构主体采用现浇剪力墙结构，外墙、楼梯、楼板、隔墙等采用预制构件装配而成的结构。这种建筑的主体结构为现浇结构，其适用高度、结构计算和设计构造与现浇剪力墙相同，在我国南方部分省市应用较多。工业化的现浇剪力墙结构的整体工业化程度较低，是装配式混凝土建筑的初级阶段，今后应逐步向预制装配整体式剪力墙结构的建造方式转变。

4.4.5　装配整体式混凝土剪力墙结构的构件拆分设计

预制混凝土剪力墙拆分的尺寸需根据生产、运输、吊装、安装等实际情况综合考虑。剪力墙的整体预制可以提高生产与安装效率，但是大构件会给生产、运输、存放、吊装等带来困难；拆分为多块小构件时，对运输、存放、吊装带来方便，但会增加生产费用、增加构件间连接的工作量、降低生产与安装效率。预制混凝土剪力墙的拆分应选择合适的尺寸，协调好生产、安装与运输、存放、吊装的关系，提高生产与安装效率，合理降低总体费用。从当前的工程实践可总结出：预制混凝土剪力墙宜拆分为一字形构件，利于模具化生产，降低生产成本，保证构件质量。单个构件的重量宜控制在 4 t 以内，长度不超过 4 m，以便于构件的生产、运输、存放、吊装与安装。

装配整体式混凝土剪力墙结构的剪力墙竖向拆分宜以楼面标高为分界，水平方向拆分宜结合相邻剪力墙之间的连接情况进行。装配整体式混凝土剪力墙结构的梁、楼板的拆分与装配式混凝土框架结构的构件拆分基本相同，可参照装配式混凝土框架结构的构件拆分进行。

装配整体式混凝土剪力墙结构的楼层内相邻剪力墙之间的连接有两种情况：一是通过边缘构件进行连接；二是通过非边缘构件进行连接。其构件的拆分设计如下：

(1) 当纵横墙交接处设置约束边缘构件时，约束边缘构件部分区域(图中阴影区域)宜全部采用后浇混凝土，剪力墙以约束边缘构件的后浇区域为分界进行拆分，如图 4.3 所示。

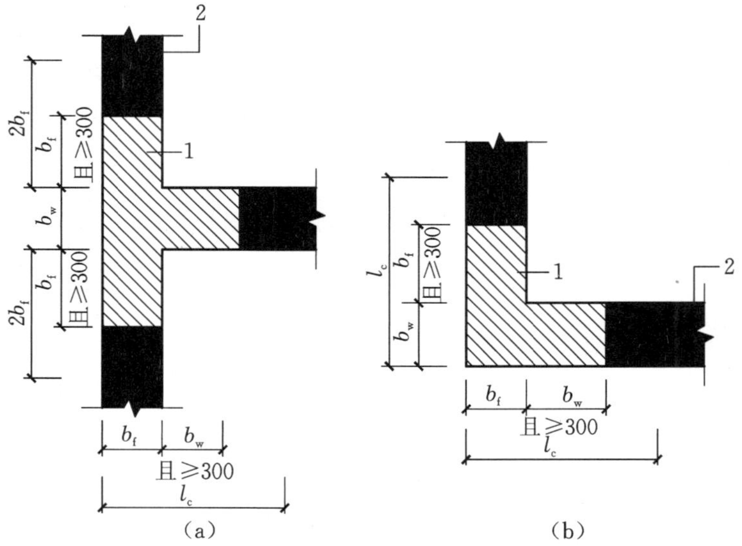

图 4.3　剪力墙约束边缘构件的全后浇区域拆分图

(a)有翼墙；(b)转角墙

l_c—约束边缘构件沿墙肢的长度；1—约束边缘构件的后浇区域；2—预制剪力墙

(2) 当纵横墙交接处设置构造边缘构件时，构造边缘构件(图中阴影区域)宜全部采用后浇混凝土，剪力墙以构造边缘构件的后浇区域为分界进行拆分，如图 4.4 所示。

(3) 当纵横墙交接处设置构造边缘构件，构造边缘构件仅在一面墙上设置后浇段时，后浇段的长度不宜小于 300 mm(图中阴影区域是构造边缘构件的现浇区域，构造边缘构件的其余区域与另一面剪力墙一起预制)，剪力墙以后浇区域为分界进行拆分，如图 4.5 所示。

(4) 非边缘构件位置，相邻预制剪力墙之间应设置后浇段(在一面墙上设置)，后浇段的宽度不应小于墙厚且不宜小于 200 mm，剪力墙以后浇区域为分界拆分出预制范围。

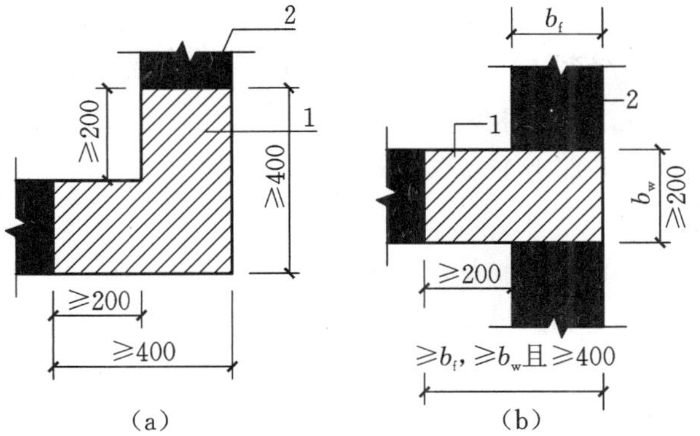

图 4.4　剪力墙构造边缘构件的全后浇区域拆分图

(a)转角墙；(b)有翼墙

1—构造边缘构件范围(阴影区域)；2—预制剪力墙

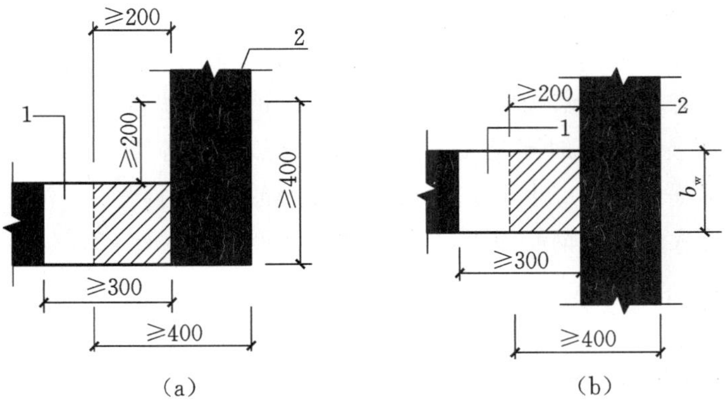

图 4.5　剪力墙构造边缘构件的部分后浇区域拆分图

(a)转角墙；(b)有翼墙

1—后浇区域(包括阴影区域，阴影区域是构造边缘构件的后浇区域)；2—预制剪力墙

4.4.6　装配整体式混凝土剪力墙的设孔、配筋与连接设计

4.4.6.1　装配整体式混凝土剪力墙的设孔与配筋

(1) 采用套筒灌浆连接时预制剪力墙的配筋

预制剪力墙竖向钢筋采用套筒灌浆连接时，自套筒底部(即墙体底部)至套筒顶部并向上延伸 300 mm 范围内，预制剪力墙的水平分布钢筋应加密，一、二级抗震等级时水平分布钢筋最大间距取 100 mm，钢筋最小直径取 8 mm；三、四级抗震等级时水平分布钢筋最大间距取 150 mm，钢筋最小直径取 8 mm。

(2) 采用浆锚搭接连接时预制剪力墙的设孔与配筋

① 孔道设置要求

预制剪力墙竖向钢筋采用浆锚搭接连接时，墙体底部预留灌浆孔道直线段长度应大于下层预制剪力墙连接钢筋伸入孔道内的长度 30 mm,孔道上部应根据灌浆要求设置合理弧度。孔道直径不宜小于 40 mm 和 2.5 倍伸入孔道的连接钢筋直径的较大值,孔道之间的水平净间距不宜小于 50 mm,孔道外壁至剪力墙外表面的净间距不宜小于 30 mm,成孔的镀锌金属波纹管的钢带厚度不宜小于 0.3 mm,波纹高度不应小于 2.5 mm。

② 水平分布钢筋的加密设置

竖向钢筋连接长度范围内的水平分布钢筋应加密,加密范围自剪力墙底部至预留灌浆孔道顶部,且不应小于 300 mm。最下层水平分布钢筋距离墙身底部不应大于 50 mm。一、二级抗震等级时水平分布钢筋最大间距取 100 mm,钢筋最小直径取 8 mm;三、四级抗震等级时水平分布钢筋最大间距取 150 mm,钢筋最小直径取 8 mm。钢筋连接长度范围内,剪力墙竖向分布钢筋未采取有效横向约束措施时,加密范围内的水平分布钢筋的拉筋应加密,竖向间距不宜大于 300 mm 且不少于 2 排;水平间距不宜大于竖向分布钢筋的间距。拉筋直径不应小于 6 mm,应紧靠被连接钢筋,且钩住最外层分布钢筋。

③ 边缘构件竖向钢筋连接范围的箍筋设置

边缘构件竖向钢筋连接长度范围内应采取横向约束措施,当采用加密水平封闭箍筋约束时,宜采用焊接封闭箍筋,沿预留孔道直线段全高加密,一级抗震等级时竖向间距不应大于 75 mm,二、三级抗震等级时不应大于 100 mm,四级抗震等级时不应大于 150 mm。一、二级抗震等级时箍筋直径不应小于 10 mm,三、四级抗震等级时不应小于 8 mm。箍筋沿水平方向的肢距不应大于竖向钢筋间距,且不宜大于 200 mm。

4.4.6.2 装配整体式混凝土剪力墙的连接

(1) 预制剪力墙底部的接缝设置

① 当采用套筒灌浆连接或浆锚搭接连接时,预制剪力墙底部接缝宜设置在楼面标高处,接缝处后浇混凝土上表面应设置粗糙面。接缝高度不宜小于 20 mm,宜采用灌浆料填实。

② 上下层预制剪力墙的竖向钢筋采用挤压套筒连接时,预制剪力墙底采用后浇段施工,其水平钢筋直径不应小于 10 mm 和预制剪力墙水平分布钢筋直径的较大值,间距不宜大于 100 mm;楼板顶面以上第一道水平钢筋距楼板顶面不宜大于 50 mm,套筒上端第一道水平钢筋距套筒顶部不宜大于 20 mm。

(2) 上下层预制剪力墙间的钢筋连接接头的分布形式

上下层预制剪力墙间的钢筋连接接头的分布形式有单排连接、“梅花形”连接、双排连接三种形式。

① 单排连接

墙体厚度不大于 200 mm 的丙类建筑预制剪力墙的竖向分布钢筋可采用单排连接,且以下情况除外:

a. 抗震等级为一级的剪力墙;

b. 轴压比大于 0.3 的抗震等级为二、三、四级的剪力墙;

c. 一侧无楼板的剪力墙;

d. 一字形剪力墙、一端有翼墙连接但剪力墙非边缘构件区长度大于 3 m 的剪力墙，以及两端有翼墙连接但剪力墙非边缘构件区长度大于 6 m 的剪力墙。

单排连接可采用套筒灌浆连接、浆锚连接。

采用单排连接时，连接钢筋位于剪力墙的厚度中部，与两侧竖向分布钢筋搭接连接。连接钢筋的间距不宜大于 300 mm，且受拉承载力不应小于上下层被连接钢筋受拉承载力较大值的 1.1 倍；下层剪力墙的连接钢筋在下层剪力墙的埋置长度不应小于 $1.2l_{aE}+b_w/2$（b_w 为墙体厚度），上层剪力墙的连接钢筋顶部至套筒底部的长度不应小于 $1.2l_{aE}+b_w/2$，且伸出套筒顶部的长度不应小于 l_{aE}（l_{aE} 按连接钢筋直径计算）。钢筋连接长度范围内应配置拉筋，拉筋的竖向间距不应大于水平分布钢筋的间距，且不宜大于 150 mm；水平间距不应大于竖向分布钢筋间距。拉筋直径不应小于 6 mm，且同一连接接头内的拉筋配筋面积不应小于连接钢筋的面积；拉筋应紧靠连接钢筋，并钩住最外层分布钢筋。

② "梅花形"连接

当竖向分布钢筋采用"梅花形"部分连接时（图 4.6），连接钢筋的直径不应小于12 mm，同侧间距不应大于 600 mm，连接钢筋的配筋率不应小于现行国家标准《建筑抗震设计规范》（GB 50011—2010）规定的剪力墙竖向分布钢筋（以连接的钢筋计）最小配筋率要求，未连接的竖向分布钢筋直径不应小于 6 mm。

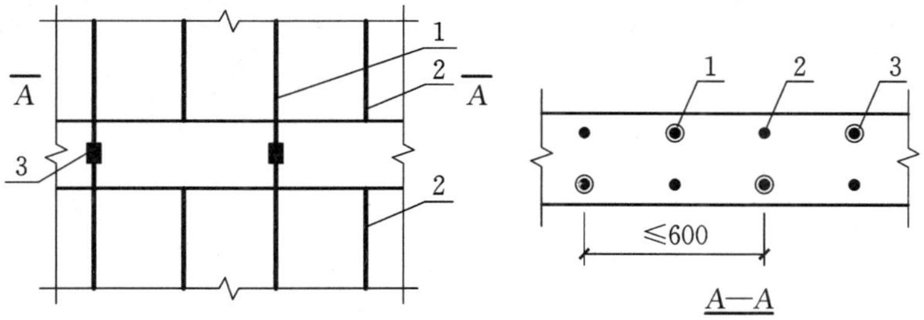

图 4.6　竖向分布钢筋采用"梅花形"连接

1—连接的竖向分布钢筋；2—未连接的竖向分布钢筋；3—预留灌浆孔道

"梅花形"连接可采用套筒灌浆连接、挤压套筒连接、浆锚连接。当采用浆锚连接时，下层预制剪力墙连接钢筋伸入预留灌浆孔道内的长度不应小于 $1.2l_{aE}$。

③ 双排连接

预制剪力墙的竖向分布钢筋宜采用双排连接，可采用套筒灌浆连接、挤压套筒连接、浆锚连接。当采用浆锚连接时，下层预制剪力墙连接钢筋伸入预留灌浆孔道内的长度不应小于 $1.2l_{aE}$。

4.4.7　叠合板混凝土剪力墙结构的构件拆分设计

双面叠合剪力墙结构约束边缘构件内的配筋及构造要求应符合国家现行标准《建筑抗

震设计规范》(GB 50011—2010)和《高层建筑混凝土结构技术规程》(JGJ 3—2010)的有关规定,并应符合下列规定:

(1) 约束边缘构件(图4.7)阴影区域宜全部采用后浇混凝土,并在后浇段内设置封闭箍筋;其中暗柱阴影区域可采用叠合暗柱或现浇暗柱。

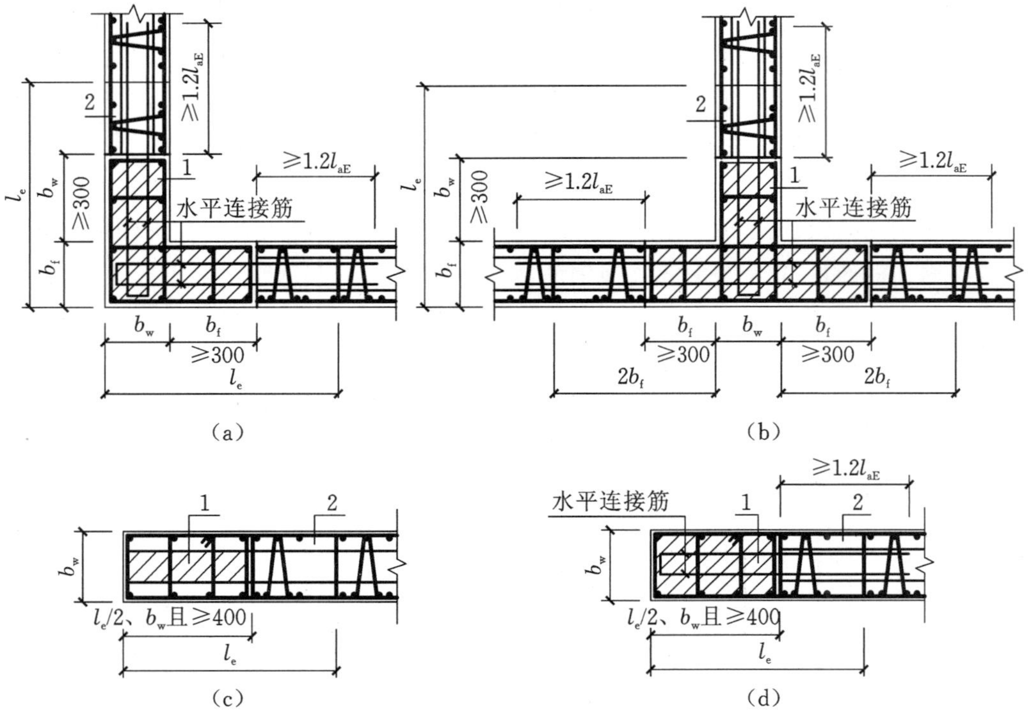

图4.7 约束边缘构件全后浇区域拆分结构图

(a)转角墙;(b)有翼墙;(c)叠合暗柱;(d)现浇暗柱

l_e—约束边缘构件沿墙肢的长度;1—后浇段;2—双面叠合剪力墙

(2) 约束边缘构件非阴影区的拉筋可由叠合墙板内的桁架钢筋代替,桁架钢筋的面积、直径、间距应满足拉筋的相关规定。

预制双面叠合剪力墙构造边缘构件内的配筋及构造要求应符合国家现行标准《建筑抗震设计规范》(GB 50011—2010)和《高层建筑混凝土结构技术规程》(JGJ 3—2010)的有关规定。构造边缘构件(图4.8)宜全部采用后浇混凝土,并在后浇段内设置封闭箍筋;其中暗柱可采用叠合暗柱或现浇暗柱。

非边缘构件位置,相邻双面叠合剪力墙之间应设置后浇段,后浇段的宽度不应小于墙厚且不宜小于200 mm,后浇段内应设置不少于4根竖向钢筋,钢筋直径不应小于墙体竖向分布筋直径且不应小于8 mm;两侧墙体与后浇段之间应采用水平连接钢筋连接,水平连接钢筋应符合下列规定:

(1) 水平连接钢筋在双面叠合剪力墙中的锚固长度不应小于1.2l_{aE}(图4.9)。

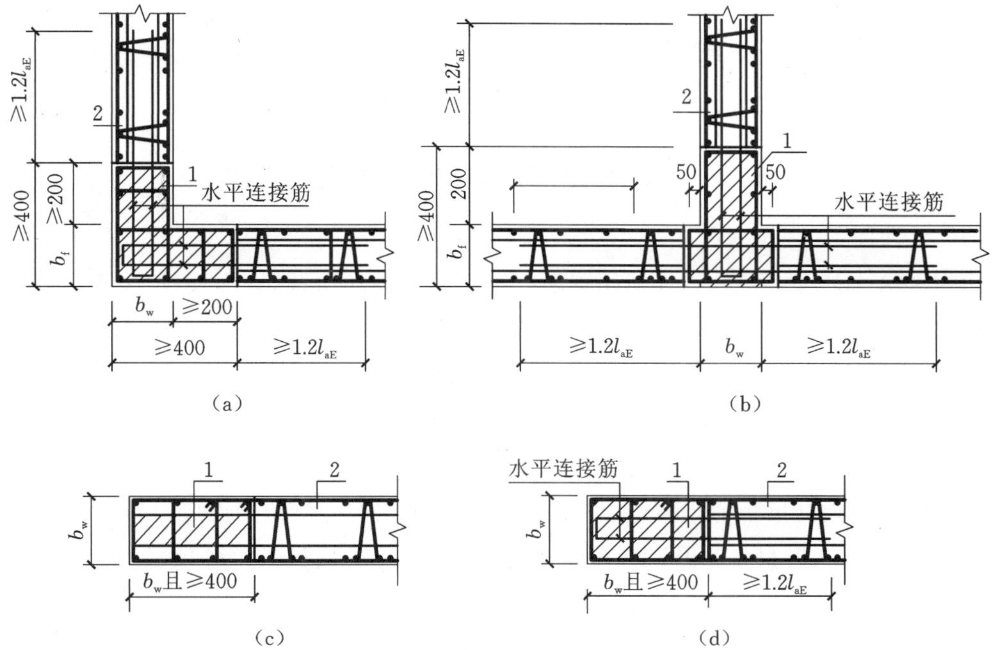

图 4.8　构造边缘构件全后浇区域拆分结构图

(a)转角墙；(b)有翼墙；(c)叠合暗柱；(d)现浇暗柱

1—后浇段；2—双面叠合剪力墙

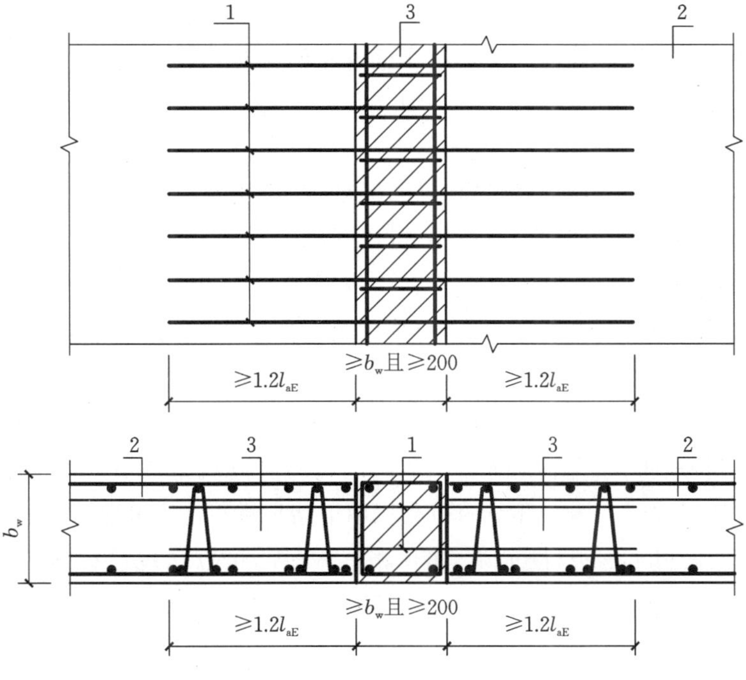

图 4.9　相邻双面叠合剪力墙间后浇段大样图

1—连接钢筋；2—预制部分；3—现浇部分

（2）水平连接钢筋的间距宜与叠合剪力墙预制墙板中水平分布钢筋的间距相同，且不宜大于 200 mm；水平连接钢筋的直径不应小于叠合剪力墙预制墙板中水平分布钢筋的直径。

4.5 预制混凝土外挂墙板设计

预制混凝土外挂墙板的设计使用年限应与主体结构相协调，立面设计应综合装配式混凝土建筑的构成条件、装饰颜色与材料质感等设计要求，并满足建筑立面效果、制作工艺、运输及施工安装条件的要求。预制混凝土外挂墙板还应根据装配式混凝土建筑所在地区的气候条件、使用功能等综合确定抗风性能、抗震性能、耐撞击性能、防火性能、水密性能、气密性能、隔声性能、热工性能和耐久性能等。

预制混凝土外挂墙板通常采用点支承式或线支承式与主体结构连接。外挂墙板有普通 PC（预制混凝土）墙板和夹芯保温墙板两种类型。普通 PC 墙板是单叶墙板，夹芯保温墙板是双叶墙板，两层钢筋混凝土板之间夹着保温层。

4.5.1 外挂墙板的设计内容

PC 外挂墙板设计包括以下内容：

（1）连接节点布置

PC 外挂墙板的结构设计首先要进行连接节点的布置，因为墙板以连接节点为支座，结构设计计算在连接节点确定后进行。

（2）墙板结构设计

墙板自身的结构设计包括墙板结构尺寸的确定、作用及作用组合计算、钢筋配置、结构承载能力和正常使用状态的验算、墙板构造设计等。

（3）连接节点结构设计

设计连接节点的类型、连接方式；作用及作用组合计算；连接节点结构计算；设计应对主体结构变形的构造；连接节点的其他构造设计。

（4）制作、堆放、运输、施工环节的结构验算与构造设置

PC 墙板在制作、堆放、运输、施工环节的结构验算与构造设置，包括在脱模、翻转、吊运、安装预埋件，以及制作、施工环节的荷载作用下墙板承载能力和裂缝验算等。

PC 墙板可以做成平面板、曲面板、实体板、镂空板，可以实现墙板与窗户一体化，墙板与窗户、保温、装饰一体化，建筑设计师应尽可能选择一体化设计。

4.5.2　PC外挂墙板的拆分设计

(1) 拆分原则

PC墙板具有整体性,板的尺寸应根据层高与开间大小确定。PC墙板一般用4个节点与主体结构连接,宽度小于1.2 m的板也可以用3个节点连接。当前比较多的方式是一块墙板覆盖一个开间和层高范围,称作整间板。如果层高较高,或开间较大,或质量限制,或建筑风格的要求,墙板也可灵活拆分,但都必须与主体结构连接。有上下连接到梁或楼板上的竖向板,左右连接到柱子上的横向板,也有悬挂在楼板或梁上的横向板。PC墙板的拆分在满足以下条件的情况下,板幅大一些为好。

(2) PC外挂墙板的拆分要求

① 满足建筑风格的要求。

② 安装节点的位置在主体结构上。

③ 保证安装作业空间。

④ 板的质量和规格符合制作、运输和安装限制条件。

(3) 转角拆分

建筑平面的转角有阳角直角、斜角和阴角,拆分时要考虑墙板与柱子的关系,方便安装。平面阳角直角可拆分为直角平接(板端与板侧相接)、直角折板(L形板与直板相接)、直角对接(板与板切角相接)三种方式。

4.5.3　设计PC外挂墙板与主体结构的连接节点

PC外挂墙板与主体结构采用点支承连接时,连接件的滑动孔尺寸应根据穿孔螺栓的直径、层间位移值和施工误差等确定。只有布置了连接节点,才能够进行墙板和连接节点的结构设计与验算,所以在讨论墙板设计和连接节点设计之前,先讨论连接节点的原理与布置。

(1) 连接节点的设计要求

外挂墙板连接节点不仅要有足够的强度和刚度保证墙板与主体结构可靠连接,还要避免主体结构位移作用于墙板形成的内力。

主体结构在侧向力作用下会发生层间位移,或由于温度作用产生变形,如果墙板的每个连接节点都牢牢地固定在主体结构上,主体结构出现层间位移时,墙板就会随之沿板平面方向扭曲,产生较大内力。为了避免这种情况,连接节点应当具有相对于主体结构的可“移动”性,或可滑动,或可转动。当主体结构位移时,连接节点允许墙板不随之扭曲,有相对的“自由度”,由此避免了主体结构施加给墙板的作用力,也避免了墙板对主体结构的反作用,人们普遍把连接节点的这种功能叫作“对主体结构变形的随从性”。这是一个容易引起误解的表述，使墙板相对于主体结构“移动”的连接节点恰恰不是“随从”主体结构，而是以“自由”的状态应对主体结构的变形，可通过在一侧设置两个固定连接点，在另一侧设置两个活动连接点来实现该功能。

连接节点的设计要求可归纳为以下几条：

① 将墙板与主体结构可靠连接。

② 保证墙板在自重、风荷载、地震作用下的承载能力和正常使用。

③ 在主体结构发生位移时，墙板相对于主体结构可以“移动”。

④ 连接节点部件的强度与变形满足使用要求和规范规定。

⑤ 连接节点位置有足够的空间可以放置和锚固连接预埋件。

⑥ 连接节点位置有足够的安装作业空间，安装便利。

(2) 连接节点类型

① 水平支座与重力支座

外挂墙板承受水平方向和竖直方向两个方向的荷载与作用，连接节点分为水平支座和重力支座。

水平支座只承受水平作用，包括风荷载、水平地震作用和构件相对于安装节点的偏心形成的水平力，不承受竖向荷载。

重力支座，顾名思义，是承受竖向荷载的支座，承受重力和竖向地震作用。其实重力支座同时也承受水平荷载，但都习惯叫重力支座，是为了强调其主要功能是承受重力作用。

通常，在外挂墙板的背面，预埋螺栓是水平支座，带孔的预埋件或预埋钢板是重力支座。

② 固定连接节点与活动连接节点

连接节点按照是否允许移动又分为固定节点和活动节点。固定节点是将墙板与主体结构“固定”连接的节点；活动节点则是允许墙板与主体结构之间有相对位移的节点，包括滑动节点和转动节点。

孔眼有竖向的活动空间，就形成可以垂直滑动的活动节点；孔眼有横向的活动空间，就形成可以水平滑动的活动节点；孔眼较大，各个方向都有活动空间，就形成了可以各向滑动的活动节点。例如：在墙板上伸出预埋 L 形钢板，楼板伸出预埋螺栓，L 形钢板的孔眼没有活动空间，就形成了固定节点；L 形钢板的孔眼有横向的活动空间，就形成可以水平滑动的活动节点。

转动节点可以微转动，一般靠支座加橡胶垫实现。

4.5.4 PC 外挂墙板的接缝类型

PC 外挂墙板接缝按方位分布可分为水平缝、垂直缝、斜缝、十字缝。PC 外挂墙板接缝按结构性质可分为建筑接缝、变形缝(包括温度伸缩缝、沉降缝、防震缝)。不同性质的接缝需考虑的内容各不相同,应区分考虑。

4.5.4.1　建筑接缝

建筑接缝方面,需结合接缝的表达效果、所处部位、施工便利等因素进行综合考虑,分别采取不同的方式,以达到不同的效果。

(1) 宽缝与深缝

出于建筑设计效果的考虑,需强调某个方向的线条感,在该方向采取加宽或加深接缝的方式。加宽或加深接缝,是在接缝的表面加大宽度或加大深度,接缝的最小宽度还是按照计算宽度进行设置。

(2) 分隔缝(假缝)构造

在连接缝以外的部位,为了表达建筑艺术效果,在墙面设置分格缝(假缝)。分格缝在 PC 构件制作时形成,因此,缝的构造应便于脱模。

(3) 灌浆料部位凹缝

无保温层或外墙内保温的构件,表面是清水混凝土或涂料时,灌浆料部位的连接节点的分格缝通常设计成凹缝。为保证接缝处受力钢筋的保护层厚度达到要求及表面美观,用橡胶条进行表面封堵,待灌浆成型后取出,形成圆润美观的凹缝。

4.5.4.2　变形缝

变形缝分封盖式与预制混凝土板悬壁式。

变形缝的封盖式与非装配式的做法相似,通过在构件的表面安装伸缩盖板将变形缝遮盖,实现装饰功能。预制混凝土板悬壁式是一侧预制混凝土板部分凸出并伸进另一侧预制混凝土板的凹位,将变形缝挡住,通过采用建筑密封胶封堵侧缝实现装饰功能。

在装配式建筑中,为了在地震时,避免腰墙(在梁上的矮墙)、垂墙(在梁下的矮墙)、袖墙(在柱侧的窄墙)与相邻构件发生作用,须设缝分隔,分隔缝的封堵通常采用填塞橡胶条和建筑密封胶的方式。

4.5.5　PC 外挂墙板间接缝设计

墙板与墙板之间水平方向接缝(或竖缝)的宽度设计应考虑如下因素:

(1) 温度变化引起的墙板与结构的变形差。

(2) 结构发生层间位移时,墙板不应当随之扭曲。

(3) 密封胶或胶条的可压缩空间。温度变形和地震位移要求的是净空间,所以,密封胶或胶条压缩后的空间才是有效的空间。

(4) 安装允许误差。

(5) 留有一定余量。

预制外墙的接缝应符合下列规定:

(1) 接缝位置宜与建筑立面分格相对应。

(2) 竖缝宜采用平口或槽口构造,水平缝宜采用企口构造。

(3) 当板缝空腔需设置导水管排水时,板缝内侧应增设密封构造。

(4) 应避免接缝跨越防火分区;当接缝跨越防火分区时,接缝内侧应采用耐火材料封堵。

4.5.6 PC 外挂墙板接缝密封材料的要求

《装配式混凝土建筑技术标准》(GB/T 51231—2016)中第 6.2.5 条,对外墙板接缝处的密封材料有下列规定:

(1) 外墙板接缝处的密封材料应与混凝土具有相容性,以及规定的抗剪切和伸缩变形能力;密封胶尚应具有防霉、防水、防火、耐候等性能。

(2) 硅酮、聚氨酯、聚硫建筑密封胶应分别符合国家现行标准《硅酮和改性硅酮建筑密封胶》(GB/T 14683—2017)、《聚氨酯建筑密封胶》(JC/T 482—2003)、《聚硫建筑密封胶》(JC/T 483—2006)的规定。

(3) 夹芯外墙板接缝处填充用保温材料的燃烧性能应满足国家标准《建筑材料及制品燃烧性能分级》(GB 8624—2012)中 A 级的要求。

4.5.7 PC 外挂墙板的装饰一体化设计

装饰一体化的 PC 外挂墙板是指在 PC 外挂墙板的表面层将装饰层一体化制作,常见的表皮质感包括清水混凝土、涂料、石材、面砖、装饰混凝土等,要求外墙饰面的材料应耐久、不易污染。采用反打一次成型的外墙饰面材料,其规格尺寸、材质类别、连接构造等应进行工艺试验验证(工艺试验是指为考察摸索工艺的可行性或材料的可加工性等而进行的试验)。

(1) 石材反打。设计应给出准确的石材饰面厚度、质量要求及连接件数量等,同时应采取防泛碱、泛锈迹的措施。

(2) 面砖反打。设计需给出排砖的详细布置图。

(3) 细部构造要给出详细设计。

第 5 章　装配式混凝土建筑外围护系统设计

建筑外围护系统是由建筑外墙、屋面、外门窗及其他部品部件等组合而成,用于分隔建筑室内外环境的部品部件的整体。根据这个定义可知,外围护系统不仅是指外墙,还包括屋面、门窗、阳台、空调板和装饰件等。

外围护系统应根据装配式混凝土建筑所在地区的气候条件、使用功能等综合确定抗震性能、抗风性能、水密性能、气密性能、防火性能、隔声性能、热工性能、耐撞击性能和耐久性能要求,同时屋面系统尚应满足结构性能要求。

5.1　外围护系统的设计内容

外围护系统的设计内容包括:外围护系统的性能要求;外墙板及屋面板的模数协调要求;屋面结构支承构造节点;外墙板连接、接缝及外门窗洞口等构造节点;阳台、空调板、装饰件等连接构造节点。

5.2　外围护系统的选择

外围护系统应结合以下要求选择适宜的类型:

(1) 装配式建筑外围护系统应选用与建筑风格相适应的类型;

(2) 装配式建筑外围护系统应选用与结构体系相适宜的类型;

(3) 装配式建筑外围护系统的类型应与建筑使用功能相适应;

(4) 选用的类型与当地气候、地震等自然环境的要求相适应;

(5) 选用的类型应与当地的经济发展相适应;

(6) 选用的类型应与当地制作和施工条件相适宜。

其中,外墙系统应根据不同的建筑类型及结构形式选择适宜的系统类型:预制外墙、现场组装骨架外墙、建筑幕墙等类型。预制外墙主要有预制混凝土外墙板、蒸压加气混凝土外墙板。现场组装骨架外墙主要有金属骨架组合外墙和木骨架组合外墙。建筑幕墙主要有玻璃幕墙、金属与石材幕墙、人造板材幕墙等。本章重点讨论建筑幕墙中的玻璃幕墙(可用于高层建筑)与外门窗部分。

5.3 建筑幕墙设计

装配式混凝土建筑应根据建筑物的使用要求、建筑造型合理选择幕墙形式，宜采用单元式幕墙系统。应根据面板材料的不同，选择相应的幕墙结构、配套材料和构造方式等。

5.3.1 幕墙的连接要求

幕墙与主体结构的连接设计应符合下列规定：

（1）与主体结构层间变形相适应；

（2）主体结构中连接幕墙的锚固件、预埋件应能承受幕墙传递的荷载和作用，连接件与主体结构的锚固承载力设计值应大于连接件本身的承载力设计值。

5.3.2 幕墙的设计依据

（1）玻璃幕墙的设计应符合现行行业标准《玻璃幕墙工程技术规范》(JGJ 102—2003)的相关规定。

（2）金属与石材幕墙的设计应符合现行行业标准《金属与石材幕墙工程技术规范》(JGJ 133—2013)的相关规定。

（3）人造板材幕墙的设计应符合现行行业标准《人造板材幕墙工程技术规范》(JGJ 336—2016)的相关规定。

5.3.3 玻璃幕墙的设计

玻璃幕墙是由玻璃板片作墙面板材，与金属构件组成的悬挂在建筑物主体结构上的非承重连续外围护墙体。

5.3.3.1 玻璃幕墙的划分

（1）框支承幕墙

① 全隐框玻璃幕墙

玻璃用结构胶预先粘贴在玻璃框上，玻璃框的上框挂在铝合金整个框格体系的横梁上，其余三边分别用不同方法固定在竖杆及横梁上，玻璃框及铝合金框格体系均隐在玻璃后面，从外侧看不到铝合金框，形成一个大面积的有颜色的镜面反射屏幕幕墙。这种幕墙的全部荷载均由玻璃通过胶传给铝合金框架。

② 半隐框玻璃幕墙

半隐框玻璃幕墙分为竖隐横不隐玻璃幕墙与横隐竖不隐玻璃幕墙。

a. 竖隐横不隐玻璃幕墙

这种体系一般在工厂将玻璃粘贴在两竖边安装有沟槽的铝合金玻璃框上，将玻璃框竖边再固定在铝合金框格体系的竖杆上；玻璃上、下两横边则固定在铝合金框格体系横梁的镶嵌槽中，镶嵌槽外加盖铝合金压板，盖在玻璃外面。由于玻璃与玻璃框的胶缝在工厂内加工完成，材料粘贴表面洁净，且在结构胶完全固化后才运往施工现场安装，所以胶缝黏结强度得到保证。

b. 横隐竖不隐玻璃幕墙

这种体系在工厂将玻璃粘贴在两横边安装有沟槽的铝合金玻璃框上，将玻璃框横边再固定在铝合金框格体系的横杆上；竖向采用玻璃嵌槽内固定，镶嵌槽外加盖铝合金压板，盖在玻璃外面，形成从上到下整片玻璃由竖杆压板分隔成长条形的效果。

③ 明框玻璃幕墙

明框玻璃幕墙分为型钢骨架型与铝合金型材骨架型。

a. 型钢骨架型

玻璃幕墙的骨架采用型钢，玻璃镶嵌在铝合金框内，再将铝合金框与骨架固定。由于型钢的刚度大，其网格尺寸可适当加大，但对主要受弯构件选择型钢截面时，应按照最大挠度不超过 5 mm 进行选择。

b. 铝合金型材骨架型

用特殊断面的铝合金型材制作玻璃幕墙的骨架，玻璃镶嵌在骨架的凹槽内。玻璃幕墙的竖杆用连接板与主体结构固定。为了排除因密封不严而流入凹槽的雨水，支承玻璃的横杆略向下倾斜，并设排水孔，外侧用一条盖板封住。

(2) 点支式玻璃幕墙

将四爪式不锈钢挂件焊接在立柱上，挂件的每个爪与一块玻璃的一个角位孔(在工厂预加工)相连接，一块玻璃固定于四个挂件上，即一个挂件同时与四块玻璃相连接。

(3) 全玻璃幕墙

玻璃本身既是饰面材料，又是承受自重及风荷载的结构构件。采用悬挂式安装，多用于建筑物首层，类似落地窗。结构玻璃通过橡胶垫块支承在不锈钢槽内，不锈钢槽通过钢板支承在减震垫块上；上部钢桁架安装夹紧装置，夹紧装置夹紧玻璃的上部。采用大块玻璃饰面，使幕墙具有更大的通透性。

5.3.3.2　玻璃幕墙的热工计算

玻璃幕墙整体的传热系数、遮阳系数、可见光透射比应采用各部件的相应数值按面积进行加权平均计算。

计算幕墙水平和垂直转角部位的传热时，可将幕墙展开，将转角框简化为传热等效的框进行计算。

玻璃幕墙应根据框截面、镶嵌面板类型的不同将幕墙框节点进行分类,不同种类的框截面节点均应计算其传热系数及对应框和镶嵌面板接缝的线传热系数。

5.3.3.3 玻璃幕墙的连接设计

玻璃幕墙构件连接处的连接件、焊缝、螺栓、铆钉等设计,应符合国家现行标准《钢结构设计标准》(GB 50017—2017)和《高层民用建筑钢结构技术规程》(JGJ 99—2015)的有关规定。连接处的受力螺栓、铆钉不应少于 2 个。

框支承玻璃幕墙的立柱宜悬挂在主体结构上。立柱与主体混凝土结构应通过预埋件连接,预埋件应在主体结构混凝土施工时埋入,预埋件的位置应准确;当没有条件采用预埋件连接时,应采用其他可靠的连接措施,并通过试验确定其承载力。槽式预埋件的预埋钢板及其他连接措施,应按照现行国家标准《钢结构设计标准》(GB 50017—2017)的有关规定进行设计,并宜通过试验确认其承载力。

5.3.3.4 硅酮结构密封胶的设计

硅酮结构密封胶的黏接宽度不应小于 7 mm,黏接厚度不应小于 6 mm。硅酮结构密封胶的黏接宽度宜大于厚度,但不宜大于厚度的 2 倍,隐框玻璃幕墙的硅酮结构密封胶的黏接厚度不应大于 12 mm。

硅酮结构密封胶应根据不同的受力情况进行承载力极限状态验算。

5.3.3.5 框支承玻璃幕墙的玻璃设计

框支承玻璃幕墙单片玻璃的厚度不应小于 6 mm,夹层玻璃的单片厚度不宜小于5 mm。夹层玻璃和中空玻璃的单片玻璃厚度相差不宜大于 3 mm。

单片玻璃在垂直于玻璃幕墙平面的风荷载和地震力作用下,应进行玻璃截面的最大应力计算。

5.3.3.6 框支承玻璃幕墙的横梁设计

框支承玻璃幕墙的横梁型材截面的宽厚比应符合表 5.1 的要求。

表 5.1 框支承玻璃幕墙的横梁型材截面宽厚比

截面部位	铝型材				钢型材	
	6063-15 6061-T4	6063A-T5	6063-T6 6063A-T6	6061-T6	Q235	Q345
自由挑出	17	15	13	12	15	12
双侧加劲	50	45	40	35	40	33

当铝合金型材的横梁跨度不大于 1.2 m 时,其截面主要受力部位的厚度不应小于

2.0 mm；当铝合金型材的横梁跨度大于1.2 m时，其截面主要受力部位的厚度不应小于2.5 mm。型材孔壁与螺钉之间直接采用螺纹受力连接时，其局部截面厚度不应小于螺钉的公称直径。

钢型材截面主要受力部位的厚度不应小于2.5 mm。

横梁应根据板材在横梁上的支承状况决定横梁的荷载，并计算横梁承受的弯矩和剪力，应分别满足型材抗弯强度设计值、抗剪强度设计值的要求。

5.3.3.7 框支承玻璃幕墙的立柱设计

立柱可采用铝合金型材或钢型材。铝合金型材应采用阳极氧化、电泳涂漆、粉末喷涂、氟碳漆喷涂进行表面处理，表面处理层的厚度应符合相关要求。如电泳涂漆的阳极氧化膜的平均膜厚不少于10 μm，局部膜厚不少于8 μm。钢型材宜采用高耐候钢，采用碳素钢型材时应经热浸锌处理或采取其他有效防腐措施进行处理。钢型材处于腐蚀严重环境时，应预留腐蚀厚度。

铝合金型材立柱截面开口部位的厚度不应小于3.0 mm，闭口部位的厚度不应小于2.5 mm。铝合金型材孔壁与螺钉之间直接采用螺纹受力连接时，铝合金型材局部截面厚度不应小于螺钉的公称直径。

钢型材主要受力部位的截面厚度不应小于3.0 mm。

上、下立柱之间应留有不小于15 mm的缝隙，闭口型材可采用长度不小于250 mm的芯柱连接，芯柱与立柱应紧密配合，芯柱应采用机械连接方法与上柱或下柱固定。开口型材的上、下柱之间可采用等强型材机械连接。

多层或高层建筑中跨层通长布置立柱时，每层立柱与主体结构的连接支承点不宜少于一个；支承点在混凝土实体墙面上时，数量适当增加。每层设两个支承点时，上支承点宜采用圆孔，下支承点宜采用长圆孔。角码与立柱采用不同金属材料时，应采用绝缘垫片分隔或采取其他有效措施防止金属腐蚀。立柱应根据承受的轴力或轴压力、弯矩作用进行承载力计算。

5.3.3.8 框支承玻璃幕墙的其他设计

框支承玻璃幕墙的设计还包括防火、防雷等方面的设计。

5.4 PC建筑的门窗设计

铝合金门窗的设计应符合现行行业标准《铝合金门窗工程技术规范》(JGJ 214—2010)的相关规定，塑料门窗的设计应符合现行行业标准《塑料门窗工程技术规程》(JGJ 103—2008)的相关规定。同时，应符合以下规定：

(1) 外门窗应采用在工厂生产的标准化系列产品，并应采用带有批水板等的外门窗配套系列部品。

（2）外门窗应可靠连接，门窗洞口与外门窗框接缝处的气密性能、水密性能和保温性能不应低于外门窗的有关性能。

（3）预制外墙中外门窗宜采用企口或预埋件等方法固定，外门窗可采用预装法或后装法设计，并满足下列要求：

① 采用预装法时，外门窗框应在工厂与预制外墙整体成型。

② 采用后装法时，预制外墙的门窗洞口应设置预埋件。

基本门、窗由框、扇、玻璃、五金件、密封材料组成。组合门、窗由两个以上的基本门、窗用拼樘料组合成其他形式的窗或连窗门。

基本门、窗抗风压性能依据《建筑外窗抗风压性能分级及其检测方法》（GB/T 7106—2008）附录A“建筑外窗抗风压强度计算方法”的规定计算。铝合金门、窗系薄壁结构，应根据《建筑结构荷载规范》（GB 50009—2012）结合《建筑外窗抗风压性能分级及其检测方法》（GB/T 7106—2008）按50年一遇瞬时风速的风压选用（约2.5倍基本风压）。

第 6 章　装配式混凝土建筑的施工条件

装配式混凝土建筑的施工与现浇混凝土建筑的施工有许多不同。施工阶段的很多工作需要前移到设计阶段考虑，如构件拆分、构件吊装和临时支撑及预埋件的设计、灌浆工艺设计等。其中，装配式混凝土建筑的施工条件与现浇混凝土建筑施工条件的不同之处，也是施工前应重点考虑的主要内容，包括施工管理人员与技术工人配置，起重机械配置，灌浆设备与工具选择，施工工具与设施配置，吊具设计，现场道路与场地规划与布置等。

6.1　施工管理人员与技术工人配置

6.1.1　装配式混凝土建筑施工管理人员配置

装配式混凝土建筑的施工管理人员应根据工程性质、工程规模结合施工企业采取的管理模式和人员情况等进行合理配置，组成一个精简、高效的施工管理组织机构。施工管理人员包括：

(1) 项目经理

装配式混凝土建筑施工的项目经理应具备组织施工的基本管理能力，熟悉装配式混凝土建筑施工工艺、质量标准和安全规程，有控制造价、进度的管理能力。

(2) 项目技术负责人

熟悉装配式混凝土建筑施工各个环节的技术，负责审批施工技术方案，落实相关技术措施，指导技术培训和处理现场技术问题等。

(3) 质量负责人

熟悉装配式混凝土建筑构件的出厂标准、施工材料的检验标准和施工质量标准，负责编制质量方案和操作规程，组织各个环节的质量检查等。

(4) 质量检查人员

对装配式混凝土构件进行进场检查，对前道工序质量和可安装性进行检查。

(5) 施工员

主要做好现场材料的验收签证和管理，及时对隐蔽工程进行验收和工程量签证，协助项目经理做好工程的资料收集、保管和归档等。

（6）材料调度人员

按照施工进度计划与装配式混凝土构件厂进行衔接，根据现场作业情况进行材料调度。

（7）吊装指挥人员

吊装作业的指挥人员应熟悉装配式混凝土构件的吊装工艺和质量要点等，有计划、组织、协调能力，有安全意识、质量意识，责任心强，对现场各种吊装情况有应对能力。

6.1.2 专业技术工人的配置

与现浇混凝土建筑相比，装配式混凝土建筑施工现场作业工人减少，有些工种大幅度减少，如模板工、钢筋工、混凝土工等；增加了一些新的工种，如信号工、起重工、安装工、灌浆料制备工、灌浆工等；还有些工种作业内容有所变化，如测量工、塔式起重机驾驶员等。对这些工种应当进行装配式混凝土建筑施工的专业知识、操作规程、质量和安全的培训，考试合格后方可上岗操作。国家规定的特殊工种必须持证上岗作业。各个工种的基本技能与要求如下：

（1）测量工

进行构件安装三维方向和角度的误差测量与控制，熟悉轴线控制与界面控制的测量定位方法，确保构件在允许误差内安装就位。

（2）塔式起重机驾驶员

装配式混凝土建筑的构件较重，安装精度在几毫米以内，多个甚至几十个套筒或浆锚孔同时对准钢筋，要求塔式起重机驾驶员比现浇混凝土工地的塔式起重机驾驶员有更精细准确的吊装能力与经验。

（3）信号工

信号工也称为吊装指令工，向塔式起重机驾驶员传递吊装信号。信号工应熟悉装配式混凝土建筑构件的安装流程和质量要求，全程指挥构件的起吊、降落、就位、脱钩等。该工种是保证安装质量、效率和安全的关键工种，应有较强的技术水平、质量意识、安全意识和责任心。

（4）起重工

起重工负责吊具准备，以及起吊作业时挂钩、脱钩等作业，须了解各种构件名称及安装部位，熟悉构件起吊的具体操作方法和规程、安全操作规程、吊索吊具的应用等，需要有丰富的现场作业经验。

（5）安装工

安装工负责构件就位、调节标高支垫、安装节点固定等作业，应熟悉不同构件安装节点的固定要求，特别是固定节点、活动节点固定的区别，熟悉图样和安装技术要求。

（6）临时支护工

临时支护工负责构件安装后的支撑、施工的临时设施安装等作业，熟悉图样及构件规格、型号和构件支护的技术要求。

(7) 灌浆料制备工

灌浆料制备工负责灌浆料的搅拌制备，熟悉灌浆料的性能要求及搅拌设备的机械性能，严格执行灌浆料的配合比及操作规程，经过灌浆料厂家培训及考试合格后持证上岗，质量意识、责任心强。

(8) 灌浆工

灌浆工负责灌浆作业，熟悉灌浆料的性能要求及灌浆设备的机械性能，严格执行灌浆料操作流程及规程，经过灌浆料厂家培训及考试合格后持证上岗，质量意识、责任心强。

(9) 修补工

对因运输和吊装过程中构件的磕碰进行修补，了解修补用料的配合比，应对各种磕碰等出具修补方案；也可委托给构件生产工厂进行修补。

6.2　起重机械配置

装配式混凝土建筑的主要施工机械有塔式起重机、汽车式起重机、履带式起重机等。

6.2.1　塔式起重机

与现浇混凝土建筑相比，装配式混凝土建筑施工最重要的变化是塔式起重机起重量大幅度增加。根据具体工程构件重量的不同，起重量一般在5～14 t。剪力墙工程比框架或筒体工程的塔式起重机要小些。目前，装配式混凝土建筑施工常用的塔式起重机型号有：剪力墙结构常用塔式起重机QTZ型315tm(S315K 16)、QTZ型220tm(R 75/20)；框架结构常用塔式起重机QTZ型560tm(S560K 25)。

塔式起重机的选用和布置，应满足施工现场以下要求：

(1) 起吊重量

起吊重量＝(起吊构件＋吊索吊具＋吊装架)×1.2系数

(2) 起重机臂长及末端起吊能力

起重机中心位置距离最远构件的距离，以及在该位置处的起吊重量。

(3) 起升速度

起升速度决定了吊装效率，按照每天计划的吊装数量和吊装时间，结合吊装高度算出最小起升速度，起升速度要满足吊装需求。

(4) 起吊高度

计算起吊高度需将吊索、吊具及吊装架的高度计算进去。

(5) 塔式起重机的选型应当在项目设计阶段与施工方确定下来，确保拆分设计的构件自重能在塔式起重机的起重范围内。

(6) 如果塔式起重机需要附着在装配式混凝土建筑的结构上，在构件设计时要设计需要附着的预埋件，在工厂制作构件时一并完成，不得用事后锚固的方式附着塔式起重机。

(7) 塔式起重机位置应覆盖所有工作面，不留工作盲区。

(8) 塔式起重机方便支设和拆除，满足拆装安全要求。

工程主塔式起重机设在建筑核心筒位置，当施工到屋顶时，再在屋顶设置一小型塔式起重机拆除主塔式起重机。

(9) 尽量减少塔式起重机交叉作业，保证塔式起重机起重臂与其他塔式起重机的安全距离，以及周边建筑物的安全距离。

(10) 除以上要求外，塔式起重机还应当满足《建筑机械使用安全技术规程》(JCJ 33—2012)的相关要求。

6.2.2 汽车式起重机和履带式起重机

有些工程项目，存在如构件数量少，吊装高度低，与周边建筑物太近等特点，或工程中塔式起重机存在作业盲区，可以选用汽车式起重机或履带式起重机。

(1) 应满足吊装重量、吊装高度、作业半径的要求。

(2) 现场还应当满足汽车式起重机、履带式起重机的运转行走和固定等基本要求。

6.3 灌浆设备与工具选择

灌浆设备与工具包括灌浆料搅拌设备与工具、灌浆设备与工具和灌浆检验工具。

(1) 灌浆料搅拌设备与工具

灌浆料搅拌设备与工具包括砂浆搅拌机、搅拌桶、电子秤、测温计、计量杯等。

(2) 灌浆设备与工具

灌浆作业设备包括灌浆泵、灌浆枪等，灌浆泵应当准备 2 台，防止在灌浆时有一台突然损坏。

(3) 灌浆检验工具

灌浆检验工具包括测流动度的截锥试模、带刻度的钢化玻璃板、试块试模等。

6.4 施工工具与设施配置

装配式混凝土建筑施工比现浇混凝土建筑施工增加的常用工具包括钢丝绳、吊索链、吊装带、吊钩、卡具、吊装架、电动葫芦、手拉葫芦、斜拉支撑、专用扳手(调整标高，调整轴线偏差)、牵引绳索、撬棍、各规格叉扳手、套筒扳手、手电筒、角磨机、手电钻、电动扳手、卷尺、塞尺、水平尺、测量仪等。

6.5 吊具设计

6.5.1 吊具类型

装配式混凝土建筑构件属于大型构件，在构件起重、安装和运输中应当对使用的吊具进行设计，包括吊点构造、钢丝绳、吊索链、吊装带、吊钩、卡具、吊装架等。吊索与构件的水平夹角不宜小于60°，且不应小于45°。对于单边长度大于4 m的构件应当设计专用的吊装平面框架或横担。

装配式混凝土建筑安装吊具应根据构件类型设计：一点吊适用于柱子；两点吊、“一”字形吊具、平面吊具适用于各种构件。

6.5.2 绳索与吊装架验算

(1) 吊装荷载

运输和吊运过程的荷载为构件重量乘1.5系数，翻转和安装就位的荷载取构件重量乘1.2系数。

(2) 绳索抗拉强度验算

钢丝绳、吊索链及吊装带主要计算抗拉强度。

(3) 吊架验算

① 吊架一般用工字钢、槽钢等型钢制作。

② 计算简图

一字形吊架计算简图为简支梁，平面吊架为4点支撑简支板。吊架上部绳索连接处为支座，下部绳索连接处为集中荷载作用点。

③ 吊架集中荷载

吊架集中荷载为吊架下部绳索拉力。

④ 吊架需验算强度和刚度，按钢结构构件计算。

6.6 现场道路及场地规划与布置

6.6.1 现场道路

装配式混凝土建筑施工的现场道路要求：

(1) 应满足运输构件的大型车辆的宽度、转弯半径和荷载要求,路面平整。

(2) 除对现场道路有要求外,必须对部品运输路线的桥涵限高、限行进行实地勘察,以满足要求。如果有超限部品的运输,应当提前办理特种车辆运输手续。

(3) 规划好车辆行驶路线,另外也要考虑现场车辆进出大门的宽度以及高度。常用运输车辆一般宽 4 m、长 16~20 m。

(4) 有条件的施工现场可设两个门,一个进,一个出,不影响其他运输构件车辆的进出,有利于直接从车上起吊构件安装。

(5) 工地也可使用挂车运输构件,将挂车车厢运到现场直接存放,车头开走再运输其他挂车车厢。

6.6.2 现场场地

装配式混凝土建筑的安装施工计划应考虑构件直接从车上吊装,如此不用二次转运,不需要存放场地,减少了塔式起重机工作量。一般情况下,都是来一车吊装一车,效率高。考虑当前国内实际情况,施工车辆在一些时间段限行,或在一些区域限停,工地最好准备构件临时堆放场地。

施工现场预制构件临时堆放堆场要求:

(1) 在起重机作业半径覆盖范围。

(2) 地面硬化平整、坚实,有良好的排水措施。

(3) 如果构件存放到地下室顶板或已经完工的楼层上,必须征得设计方的同意,楼盖承载力满足堆放要求。

(4) 场地布置应考虑构件之间的人行通道,方便现场人员作业,道路宽度不宜小于 6 m。

(5) 场地设置要根据构件类型和尺寸划分区域分别存放。

(6) 构件临时堆放场地应避免布置在高空作业下方。

6.6.3 施工安全条件

除现浇混凝土工程所需要的施工安全措施外,装配式混凝土建筑施工的安全条件包括:

(1) 针对装配式建筑安装作业进行系统、全面的安全培训。

(2) 装配式建筑施工作业各个环节的安全操作规程的编制、培训与执行。

(3) 运送构件道路、卸车场地的平整、坚实。

(4) 构件吊装作业区域的临时隔离、标识。

(5) 构件安装后的临时支撑,应采用专业厂家的支撑设施。

第7章 装配式混凝土建筑材料和配件的采购、进场与管理

装配式混凝土建筑工程施工专用的材料和配件包括：坐浆料、灌浆料、灌浆孔胶塞、灌浆缝堵缝条材料、钢筋机械连接套筒、调整标高用螺栓或垫片、临时支撑部件、螺栓与金属连接件、密封胶条与建筑密封胶、保温材料、修补材料、防火塞缝材料等，应加强对装配式混凝土建筑材料和配件的采购等环节管理。

7.1 坐浆材料的采购、进场与管理

坐浆材料也称高强封堵料，是装配式混凝土结构连接节点封堵密封及分仓使用的水泥基材料，具有强度高、干缩小、和易性好(可塑性好，封堵后无坍落)、黏结性能好、方便使用等特点。

7.1.1 采购要点

采购时，坐浆材料应满足以下要求：

(1) 符合设计要求。

(2) 性能指标满足《水泥胶砂流动度测定方法》(GB/T 2419—2005)的要求。

胶砂流动度在130～170 mm范围内；1 d抗压强度不小于30 MPa，28 d抗压强度不小于50 MPa。

(3) 符合工艺要求，如强度高、干缩小、和易性好(可塑性好，封堵后无坍落)、黏结性能好等。

7.1.2 进场验收

目前还没有关于坐浆材料国家标准和行业标准的规定。因此，进场时应进行试验验证，包括抗压强度和工艺性能试验，把试验结果是否符合设计要求作为进场验收的依据。

7.1.3 场内保管

(1) 坐浆材料保管应注意防水、防潮、防晒等要求，存放在通风的地方。

(2) 底部使用托盘或木枋隔垫。

(3) 坐浆材料有效保质期为 90 d，超出保质期后应进行复验，复验合格仍可使用。

7.2 灌浆料的采购、进场与管理

钢筋连接用套筒灌浆料是以水泥为基本材料，配以细骨料、混凝土外加剂和其他材料组成的干混料，加水搅拌后具有规定的流动性、早强、高强、微膨胀等性能指标。

7.2.1 采购要点

(1) 严格按照设计要求采购。

(2) 灌浆料应当采用与接头型式检验相匹配的灌浆料，建议采购与灌浆套筒厂家相匹配的灌浆料。

(3) 性能应符合现行行业标准《钢筋套筒灌浆连接应用技术规程》(JGJ 355—2015)和《钢筋连接用套筒灌浆料》(JG/T408—2019)的规定。初始流动度不小于 300 mm，30 min 流动度不小于 260 mm；1 d 抗压强度不小于 35 MPa，3 d 抗压强度不小于 60 MPa，28 d 抗压强度不小于 85 MPa；3 h 竖向膨胀率不小于0.02%，24 h 与 3 h 的竖向膨胀率差值在 0.02%～0.5%的范围内；氯离子含量不大于 0.03%，泌水率为 0%。

(4) 抗压强度值越高，对灌浆接头连接性能越有帮助；流动度越高对施工作业越方便，接头灌浆饱满度越容易得到保证。

(5) 不同生产厂家的套筒灌浆料产品均应满足以上指标，但不能批外混用。

7.2.2 进场验收

查看型式检验报告和出厂检验报告，按规范要求进行进场检验。

进场后按批检验，以每层为一检验批；每工作班应制作 1 组且每层不应少于 3 组 40 mm×40 mm×160 mm 的长方体试件，标准养护 28 d 后进行抗压强度试验。

7.2.3 场内保管

(1) 灌浆料的保管应注意防水、防潮、防晒等要求，存放在通风的地方，底部使用托盘或木枋隔垫，有条件的可在库房撒生石灰防潮。

(2) 气温高于 25 ℃时，灌浆料应储存于通风、干燥、阴凉处，运输过程中应注意避免阳光长时间照射。

(3) 灌浆料有效保质期为 90 d，超出保质期后应进行复验，复验合格仍可使用，因此灌浆料宜多次少量采购。

浆锚搭接用的灌浆料也是水泥基灌浆料，但抗压强度低于套筒灌浆料。因为浆锚孔壁的抗压强度低于套筒，要求浆锚搭接灌浆料像套筒灌浆料那么高的强度是没有必要的。《装配式混凝土结构技术规程》(JGJ 1—2014)中的第 4.2.3 条给出了钢筋浆锚搭接连接接头用灌浆料的性能要求，见表 7.1。

表 7.1　钢筋浆锚搭接连接接头用灌浆料性能要求

项目		性能指标	试验方法标准
泌水率(%)		0	《普通混凝土拌合物性能试验方法标准》(GB/T 50080—2016)
流动度(mm)	初始值	≥200	《水泥基灌浆材料应用技术规范》(GB/T 50048—2015)
	30 min 保留值	≥150	
竖向膨胀率	3 h	≥0.02%	《水泥基灌浆材料应用技术规范》(GB/T 50048—2015)
	24 h 与 3 h 的膨胀率之差	0.02%～0.5%	
抗压强度(MPa)	1 d	≥35	《水泥基灌浆材料应用技术规范》(GB/T 50048—2015)
	2 d	≥55	
	28 d	≥80	
氯离子含量		≤0.06%	《混凝土外加剂匀质性试验方法》(GB/T 8077—2012)

浆锚搭接用灌浆料的进场验收、保管与套筒用灌浆料的要求相同。

7.3　灌浆孔胶塞、灌浆缝堵缝条的采购、进场与管理

7.3.1　采购要点

灌浆孔胶塞用于封堵灌浆套筒和浆锚孔的灌浆孔与出浆孔，应选用耐酸碱腐蚀的橡胶材料或者是其他软质材料制作，确保可以重复使用。

灌浆缝堵缝条主要起到防止灌浆料外流的作用，在预制柱灌浆时有的采用充气管，灌浆

前将塑胶管充满气体，待浆料凝固后再放出气体将塑胶管取出重复利用。

7.3.2 进场验收

以上两种材料要满足使用功能，具体验收标准可参照材料本身执行的国家标准或企业标准。

7.3.3 场内保管

材料保管参照施工现场原材料保存方法和制度，最好单独存放、方便领用。

7.4 钢筋机械连接套筒的采购、进场与管理

7.4.1 采购要点

钢筋机械连接套筒是指在后浇混凝土施工中，竖向钢筋连接的接头方式。国内常用的钢筋机械连接套筒有螺纹连接和挤压连接两种方式，选用套筒要根据设计方的要求来选择，或者由监理和施工单位根据要求选择符合要求的钢筋连接套筒。

钢筋采用机械连接时，应符合现行行业标准《钢筋机械连接技术规程》(JGJ 107—2016)的有关规定，其主要要求如下：

(1) 确定套筒连接类型(螺纹式还是挤压式)。

(2) 与选用的钢筋的材质、规格、型号相匹配。例如，选用挤压式套筒连接时，适用于16～40 mm 的Ⅱ、Ⅲ级带肋钢筋。

(3) 构造与工艺参数满足规程的要求，包括套筒的尺寸偏差、套筒材料的力学性能、套筒的承载力等。

7.4.2 进场验收

(1) 对照检查材质单。

(2) 检验合格证。

(3) 型式检验报告单。

(4) 外形尺寸检验。

(5) 进行见证取样送检，合格后办验收手续。

7.4.3　场内保管

机械套筒的保管执行现场仓库管理规定，注意防潮、防水等。

7.5　装配式混凝土构件调整标高用的螺栓或垫片的采购

竖向构件柱或者墙板安装需要调整标高，调整标高有预埋螺母和放置垫块两种方式。

7.5.1　预埋螺母的采购要点

PC 构件调整标高常用 P 型螺母，应根据构件的规格选择 P 型螺母预埋件的大小。例如，800×800×4180(mm)的预制混凝土结构柱常用 M20×75(mm)的预埋螺母。

7.5.2　垫片的采购要点

有些工地调整标高选用垫片，垫片应选用 Q 235 钢板材料，规格 50 mm×50 mm，厚度包括 1 mm、2 mm、5 mm、10 mm、20 mm 等，可组合使用。

7.6　临时支撑部件的采购、进场与管理

构件安装临时支撑体系既是涉及安全的重要设施，又是保证安装质量的重要措施，所以材料必须可靠。

装配式混凝土构件的临时支撑应当在施工组织设计中给出方案。如果构件没有在施工组织设计中给出方案，施工企业应请设计人员给出，或者请支撑体系生产厂家给出。无论哪方给出的设计，都要经过施工单位技术总工和监理的审批。

7.6.1　采购要点

采购、租用或委托加工装配式混凝土构件临时支撑体系时应按照要求采购、租用或委托加工，并符合施工工艺及相关要求，主要标准如下：

(1) 材质符合设计要求。

(2) 规格型号符合要求。

(3) 表面没有锈蚀。

（4）方便操作，安全可靠。

7.6.2 进场验收

验收方式应按照设计及施工方案要求全部检查验收。

7.6.3 场内保管

支撑体系的保管应注意防潮、防水。

7.7 螺栓与金属连接件的采购、进场与管理

安装装配式混凝土构件采用的螺栓与金属连接件，对结构的安全性、耐久性有着至关重要的作用，所以它的选用、验收、保管都要严格一些。

螺栓及连接件的材质、规格及螺栓的拧紧力矩应符合设计要求及现行国家标准《钢结构工程施工质量验收规范》(GB 50205—2001)和《钢结构高强度螺栓连接技术规程》(JGJ 82—2011)的有关规定。

7.7.1 选购要点

选购安装装配式混凝土构件用的螺栓与金属连接件时要注意以下要求：

（1）符合图样设计要求。

（2）符合现行国家或者行业标准要求。

（3）扭剪型高强度螺栓紧固预拉力要符合《钢结构工程施工质量验收规范》(GB 50205—2001)的要求。

（4）规格、型号、材质要符合设计要求。

（5）严格把关，选用可靠厂家的产品。

7.7.2 进场验收

（1）高强度螺栓连接副应按批配套进场，并附有出厂质量保证书，应在同批内配套使用。

（2）在运输、保管过程中，应轻装、轻卸，防止损伤螺纹。

7.7.3　场内保管

(1) 按照包装箱上注明的批号、规格分类保管，室内存放，要有防止生锈、潮湿及沾染脏物等措施。

(2) 保管不能超过 6 个月，超过 6 个月后使用的要重新进行扭矩系数或紧固轴力试验，试验合格后方可使用[可参照《钢结构工程施工质量验收规范》(GB 50205—2001)的相关要求]。

7.8　密封胶条与建筑密封胶的采购、进场与管理

7.8.1　选购要点

(1) 密封胶条

密封胶条用于板缝节点，与建筑密封胶共同构成多重防水体系。密封胶条是环形空心橡胶条，应具有较好的弹性、可压缩性、耐候性和耐久性，一般在构件出厂的时候粘贴在构件上。密封胶条应符合以下规定：

① 表面要求光洁美观。

② 具有良好的弹性和抗压缩变形。

③ 耐候、耐臭氧、耐化学作用。

④ 防火性能满足要求。

(2) 建筑密封胶

建筑密封胶应符合以下规定：

① 建筑密封胶应与混凝土具有相容性，没有相容性的密封胶粘不住，容易与混凝土脱离。国外装配式混凝土结构密封胶特别强调这一点。

② 要满足设计要求的抗剪切和伸缩变形能力。

③ 密封胶应具有防霉、防水、防火、耐候等性能。

④ 硅酮、聚氨酯、聚硫密封胶应分别符合国家现行标准《硅酮建筑密封胶》(GB/T 14683—2003)、《聚氨酯建筑密封胶》(JC/T 482—2003)和《聚硫建筑密封胶》(JC/T 483—2006)的规定。

⑤ 密封胶性能应满足《混凝土建筑接缝用密封胶》(JC/T 881—2017)中的规定，主要内容包括：

a. 密封胶应为细腻、均匀膏状物或黏稠液体，不应有气泡、结皮或凝胶现象。

b. 密封胶的颜色应与合同约定或者样品一致，多组分密封胶各组分的颜色应有明显差异。

c. 密封胶的物理力学性能指标应符合《混凝土建筑接缝用密封胶》(JC/T 881—2017)中的相关规定。

7.8.2 进场验收

(1) 密封胶检验项目包括:外观、表干时间、下垂度、挤出性(单组分)、适用期(多组分)、定伸黏结性、断裂伸长率。

(2) 有型式检验报告。

(3) 同一个品种、同一类型、同一批、同一级别的产品每 2 t 为一个检验批,按批进行验收。

(4) 溶剂型产品和水乳型产品按非危险物品运输,运输时应防止日晒、雨淋、撞击、挤压。水乳型产品运输时应采取防冻措施。

7.8.3 场内保管

产品应储存在干燥、通风、阴凉的场所,温度应保持在 5～27 ℃之间。

7.9 保温材料的采购、进场与管理

7.9.1 选购要点

在装配式混凝土构件接缝处或边缘部位填塞的常用保温材料有硬泡聚氨酯(PUR)和憎水的岩棉等轻质高效保温材料。为了施工过程中操作方便,常用硬泡聚氨酯(PUR)保温材料。

(1) 要符合设计要求。如果设计没有给出具体要求,施工方可以会同监理提出方案,并报设计批准。

(2) 性能指标应符合行业标准《喷涂聚氨酯硬泡体保温材料》(JC/T 998—2006)的相关要求。

(3) 燃烧性能要达到 B 级。

7.9.2 进场验收

(1) 产品检验分交收检验与型式检验两种。

① 交收检验指标主要包括:密度、导热系数、抗压强度、抗拉强度、断裂伸长率、吸水率、

黏结强度等。

② 型式检验指标主要包括：密度、导热系数、粘贴强度、尺寸变化率、抗压强度、拉伸强度、断裂伸长率、闭孔率、吸水率、水蒸气透过率、抗渗率等。

(2) 包装分组采用铁桶包装，每个包装中应附产品合格证和说明书，说明书中应写明配比、施工温度、施工注意事项等内容。

7.9.3　场内保管

(1) 保温材料的保存注意防水、防潮、防火、防晒等。

(2) 产品应在保质期内使用。

7.10　修补材料的采购、进场与管理

装配式混凝土构件生产、运输和安装过程中难免会出现磕碰、掉角、裂缝等，通常需要用修补料来进行修补。常用的修补料有普通水泥砂浆、环氧砂浆和丙乳砂浆等。

7.10.1　选购要点

(1) 普通水泥砂浆的最大优点就是其材料的力学性能与基底混凝土一致，对施工环境要求不高，成本低，但也存在普通水泥砂浆与基层混凝土表面黏结、本身抗裂和密封等性能不足的缺点。

(2) 环氧砂浆是以环氧树脂为主剂，配以促进剂等一系列辅助剂，经混合固化后形成的一种高强度、高黏结力的固结体，具有优异的抗渗、抗冻、耐盐、耐碱、耐弱酸、防腐蚀及修补加固性能。

(3) 丙乳砂浆是丙烯酸酯共聚乳液水泥砂浆的简称，属于高分子聚合物乳液改性水泥砂浆。丙乳砂浆是一种新型混凝土建筑物的修补材料，具有优异的黏结、抗裂、防水、防氯离子渗透、耐磨、耐老化等性能，和树脂基修补材料相比具有成本低、耐老化、易操作、施工工艺简单及质量容易保证等优点，是修补材料中的上佳之选。

(4) 清水混凝土或装饰混凝土表面修补通常要求颜色一致、无痕迹等，其修补料通常需在普通修补料的基础上加入无机颜料来调制出色彩一致的浆料，削弱修补瘢痕。等修补浆料达到强度后轻轻打磨，与周边平滑顺接。

(5) 应选购专业厂家制作的修补材料。

7.10.2 进场验收

进场验收要做强度性能试验和工艺试验。

7.10.3 场内保管

(1) 在运输、保管过程中要注意防水、防晒、防冻。

(2) 保管应注意防潮要求，存放在通风的地方。

7.11 防火塞缝材料的采购、进场与管理

预制混凝土外挂墙板露明的金属支撑件及墙板内侧与梁、柱和楼板间的调整间隙，应采用A级防火材料进行封堵，常用防火塞缝材料是岩棉。

7.11.1 选购要点

(1) 符合设计要求。如果设计没有给出具体要求，要补充设计要求或施工方会同监理方提出方案，报设计批准。

(2) 岩棉材料物理性能应符合《建筑用岩棉绝热制品》(GB/T 19686—2015)中的相关规定，包括渣球含量、酸度系数、导热系数、燃烧性能、质量吸湿率、憎水率、放射性核素等性能指标。

7.11.2 进场验收

(1) 外观要求不得有伤痕、破损、污染。

(2) 力学性能符合《建筑用岩棉绝热制品》(GB/T 19686—2015)中的相关规定，包括压缩强度、点载荷等力学性能指标。

(3) 检验外观、尺寸、密度。

(4) 进行力学性能及物理性能检验，检验合格后办理进场验收手续。

7.11.3 场内保管

放置在干燥通风的库房，按品种规格分别堆放，避免重压。

第 8 章　装配式混凝土建筑构件的质量管理

预制混凝土构件的品种是多样的：有用于工业建筑的柱子、基础梁、吊车梁、屋面梁、桁架、屋面板、天沟、天窗架、墙板、多层厂房的花篮梁和楼板等；有用于民用建筑的基桩、楼板、过梁、阳台、楼梯、内外墙板、框架梁柱、屋面檐口板、装修件等。目前有些工厂还可以生产集成式厨房、集成式卫浴等房屋中的整间盒子结构，其室内装修和卫生设备的安装均在工厂内完成，然后作为产品运到工地吊装。

预制混凝土构件的实体质量以及装配后的连接质量、尺寸偏差等在很大程度上决定了装配式混凝土建筑的实际结构能否满足设计要求，因此，预制混凝土构件的质量控制是装配式混凝土建筑质量管理的一个重要环节。

8.1　装配式混凝土建筑构件生产单位的质量制度管理

装配式混凝土建筑构件的生产单位应具备保证产品质量要求的生产工艺设施和试验检测条件，建立完善的质量管理体系和制度，并宜建立质量可追溯的信息化管理系统。

质量管理体系中应建立并保持与质量管理有关的文件，该类文件可存在各种载体上。与质量管理有关的文件包括：

① 法律法规。

② 技术标准、规范。

③ 企业制定的质量手册、程序文件和规章制度等质量体系文件。

④ 与预制构件产品有关的设计文件和资料。

⑤ 与预制构件产品有关的技术指导书和质量管理控制文件。

⑥ 其他相关文件。

生产单位宜建立现代化的信息管理系统，并建立统一的编码规则和标识系统。信息化管理系统应与生产单位的生产工艺流程相匹配，贯穿整个生产过程，并应与构件 BIM 信息模型有接口，有利于在生产全过程中控制构件生产质量，并形成生产全过程的记录文件及影像资料。在预制构件的表面预埋带无线射频芯片的标识卡（RFID 卡），芯片中应存入生产过程及质量控制全部相关信息，有利于实现装配式建筑质量全过程控制和追溯。

8.2 装配式混凝土建筑构件制作的质量管理重点

装配式混凝土建筑构件生产单位的质量管理主要围绕 PC 构件的质量、交货工期、生产成本等开展工作，其质量管理重点包括两个方面：一是质量体系管理重点；二是作业环节上的重点。质量体系管理重点包括建立标准、组建组织架构、组织有效的培训、制定质量管理流程、制定质量管理制度、对质量管理执行情况进行检查等方面。作业环节上的重点包括生产方案及生产工艺的制定、原材料及配件的技术要求及质量标准、套筒灌浆试验验证、拉结件试验验证、浆锚成孔试验验证、PC 构件模具的制作及首件检验、钢筋下料至组装阶段的质量控制、套筒与预埋件的入模定位、浇筑前的检查与隐蔽工程的验收、混凝土配合比的计算确定、混凝土浇筑、构件养护时间及温度的控制等方面。

8.3 制作装配式混凝土建筑构件的工艺比选

常用装配式混凝土建筑构件的制作工艺有两种：固定式和流动式。固定方式是指模具在固定的位置不动，通过制作人员的流动来完成各个模具上构件制作的各个工序，包括固定模台工艺、立模工艺（包括集合式立模和独立立模）和预应力模台工艺等。流动方式是指模具在流水线上移动，制作工人相对不动，等模具循环到自己的工位时重复做本岗位的工作，也称流水线工艺，包括流动模台式工艺和自动流水线工艺（包括半自动化和全自动化）。

一般情况下，制作装配式混凝土建筑构件是在工厂内制作，这种情况下可以选择以上任何一种工艺。如果建筑工地距离工厂太远，或通往工地的道路无法通行运送构件的大型车辆时，可以选择在工地现场采用移动方式进行生产。

8.3.1 固定模台工艺

固定模台工艺是固定方式生产中最主要的工艺，也是装配式混凝土建筑构件制作应用最广的工艺。固定模台是一块平整度较高的钢结构平台，或是高平整度高强度的水泥基材料平台。以这块固定模台作为构件的底模，在模台上固定构件侧模，组合成完整的模具。因此，固定模台也被称为底模、平台、台模。

有些构件的模具自带底模，如立式浇筑的柱子，以及在 U 形模具中制作的梁、柱、楼梯、阳台板、转角板等其他异型构件。自带底模的模具不用固定在固定模台上，底模相当于微型固定模台。

固定模台工艺可以生产普通梁、叠合梁、莲藕梁、柱梁一体、柱、楼板、叠合楼板、内墙板、外墙板、T 形板、L 形板、曲面板、楼梯板、阳台板、飘窗、夹芯保温墙板、后张法预应力梁、各种异形构件等。

固定模台的最大优势是适用范围广，灵活方便，适应性强，启动资金较少，见效快，适用于：

① 产品定位范围广的工厂，特别是梁柱等非板式构件；

② 市场规模小的地区；

③ 受投资规模限制的小型工厂或启动期；

④ 没有条件马上征地的工厂。

8.3.2　立模工艺

立模工艺是用竖立的模具垂直浇筑成型的方法，一次生产一块或多块构件。立模工艺与平模工艺（普通固定模台工艺）的区别是：平模工艺构件是"躺着"浇筑的，而立模工艺构件是"立着"浇筑的。立模工艺具有占地面积小、构件表面光洁、垂直脱模、不用翻转等优点。立模有独立立模和集合式立模两种。

集合式立模是指多个构件并列组合在一起制作的工艺，可用来生产规格标准、形状规则、配筋简单的板式构件，包括轻质内隔墙板和其他配筋规则的不出筋规格化墙板，是制作内隔墙板的较好方式。

随着立模工艺的发展，现在已经出现了一种流动并列式组合立模工艺，主要生产低层建筑和小型装配式建筑中的墙板构件，其工艺成熟、产量高、自动化程度较高。

流动并列式组合立模通过轨道运输被移送到各个工位，先是组装立模，然后钢筋绑扎，接下来浇筑混凝土，最后被运到养护窑集中养护，达到一定强度后再运到脱模区进行脱模，从而完成组合立模生产墙板的全过程，其主要优点是可以集中养护构件。

8.3.3　预应力工艺

由于预应力混凝土具有结构截面小、自重轻、刚度大、抗裂度高、耐久性好和节省材料等特点，使得预应力技术在装配式领域中得到广泛应用，特别是在大跨度的预应力楼板方面得到广泛应用。预应力工艺分为先张法预应力工艺和后张法预应力工艺。

（1）先张法

生产先张法预应力混凝土构件时，首先将预应力钢筋按规定在钢筋张拉台上铺设张拉，然后浇筑混凝土成型或者挤压混凝土成型，当混凝土经过养护、达到一定强度后拆卸边模和肋模，放张并切断预应力钢筋，切割预应力楼板。先张法预应力混凝土具有生产工艺简单、生产效率高、质量易控制、成本低等特点。

先张法预应力生产工艺适合生产预应力空心楼板、叠合楼板、预应力双 T 板以及预应力梁等。

（2）后张法

生产后张法预应力混凝土构件时，按规定先预留预应力钢筋孔道，再浇筑混凝土，当混凝土经过养护达到一定强度后，将预应力钢筋穿入孔道内，再对预应力钢筋张拉，依靠锚具在两端锚固预应力钢筋，建立预应力，再对孔道灌浆，封堵锚具。

后张法预应力工艺生产灵活，适宜结构复杂、数量少、重量大的构件，特别适合于现场制作的混凝土构件。

现在，出现了组合式后张法预应力楼板，是将带孔的小块板组合成大块楼板，通过后张法预应力工艺将其连接成整体。这种工艺适用于低层装配式建筑的楼板。

8.3.4 流动模台工艺

流动模台工艺与自动化流水线工艺的根本区别在于自动化程度的高低。自动化程度较低的是流动模台工艺，自动化程度较高的是自动化流水线工艺。

流动模台(也称为“托盘”或“移动台模”)，是将标准规格的钢平台(一般为 4 m×9 m)放置在滚轴或轨道上，使其移动。工艺流程是先在组模区组模，然后移到钢筋和预埋件作业区进行钢筋和预埋件入模作业，再移动到浇筑振捣平台浇筑混凝土，完成浇筑后，通过平台振动将混凝土振捣密实，之后将模台移到养护窑进行养护，养护结束后出窑，移到脱模区脱模，构件或被吊起，或在翻转台翻转后吊起，然后运到构件存放区存放。

流动模台适合板类构件的生产，如楼板、非预应力叠合楼板、剪力墙外墙板、剪力墙内墙板、夹芯保温墙板、阳台板、空调板等。

流动模台生产工艺适合市场规模较大地区的板式构件生产。

8.3.5 自动流水线工艺

自动流水线工艺就是高度自动化的流动模台工艺，但在实际应用中，又分为全自动流水线和半自动流水线两种。

(1) 全自动流水线

全自动流水线由混凝土成型流水线设备以及自动钢筋加工流水线设备组成。通过计算机编程软件控制，将这两部分设备自动衔接起来，实现图样输入、模板自动清理、机械手画线、机械手组模、脱模剂自动喷涂、钢筋自动加工、钢筋机械手入模、混凝土自动浇筑、机械自动振捣、计算机控制自动养护、翻转机、机械手抓取边模入库等全部工序都由机械手来自动完成，是真正意义上实现自动化、智能化的流水线。

全自动流水线主要适合标准化的不出筋楼板、叠合楼板、内墙板、双面叠合剪力墙板等，适合市场规模大、规格化不出筋板式构件。

(2) 半自动流水线

半自动流水线仅包括了混凝土成型设备，不包括全自动钢筋加工设备。半自动流水线将图样输入、模板清理、画线、组模、脱模剂喷涂、混凝土浇筑、振捣等工序实现了自动化，但钢筋的加工、入模仍需要人工作业。

8.4　装配式混凝土建筑构件制作的全过程控制

装配式混凝土建筑构件制作的全过程控制包括原材料进厂检验、构件制作过程检验和构件成品检验三个方面。

8.4.1　原材料进厂检验

原材料进厂检验包括钢筋连接用灌浆套筒的检验、套筒灌浆连接接头的检验、套筒用灌浆料试验，以及水泥、砂、石子、外加剂、钢筋、钢绞线、钢板、型钢、拉结件、保温材料等的检验。

8.4.2　构件制作过程检验

构件制作过程检验包括模具制作、模具清理与组装、涂刷脱模剂、装饰面层铺设或制作、钢筋制作与入模、套筒安装、预埋件安装、孔洞预留（或门窗固定，或夹芯保温板制作），以及混凝土浇筑、养护、脱模、表面处理等工序。

8.4.3　构件成品检验

构件成品检验包括套筒位置，伸出钢筋的位置、直径、种类与伸出长度，构件的外观质量（露筋、蜂窝、孔洞、夹渣、疏松、裂缝等），构件的外形尺寸及表面粗糙度，键槽的尺寸偏差及渗漏情况，构件标识等内容。

8.5　混凝土强度的检验

按照国家标准《装配式混凝土建筑技术标准》(GB/T 51231—2016)中第 9.7.11 条规定，混凝土强度应符合设计文件及国家现行有关标准的规定。

8.5.1　检查数量

按构件生产批次在混凝土浇筑地点随机抽取标准养护试件，取样频率应符合《装配式混凝土建筑技术标准》(GB/T 51231—2016)中第9.6.4 的规定：

(1) 混凝土检验试件应在浇筑地点取样制作。

（2）每拌制100盘且不超过100 m^3的同一配合比混凝土，每工作班拌制的同一配合比的混凝土不足100盘为一批。

（3）每批制作强度检验试块不少于3组，随机抽取1组进行同条件转标准养护后进行强度检验，其余可作为同条件试件在预制构件脱模和出厂时控制其混凝土强度；还可根据预制构件吊装、张拉和放张等要求，留置足够数量的同条件混凝土试块进行强度检验。

（4）蒸汽养护的预制构件，其强度评定混凝土试块应随同构件蒸养后，再转入标准条件养护。构件脱模起吊、预应力张拉或放张的混凝土同条件试块，其养护条件应与构件生产中采用的养护条件相同。

（5）除设计有要求外，预制构件出厂时的混凝土强度不宜低于设计混凝土强度等级值的75%。

8.5.2 检验方法

检验方法应符合现行国家标准《混凝土强度检验评定标准》(GB/T 50107—2010)的有关规定：

（1）取3个试件强度的算术平均值作为每组试件的强度代表值。

（2）当一组试件中强度最大值或最小值与中间值之差超过中间值的15%时，取中间值作为该组试件的强度代表值。

（3）当一组试件中强度最大值和最小值与中间值之差均超过中间值的15%时，该组试件的强度不应作为评定的依据。

（4）当采用非标准尺寸试件时，应将其抗压强度乘以尺寸折算系数。

8.6 夹芯保温板制作质量和拉结件埋置质量的检查

按照国家标准《装配式混凝土建筑技术标准》(GB/T 51231—2016)中第9.7.9条规定，夹芯外墙板的内外叶墙板之间的拉结件类别、数量、使用位置及性能应符合设计要求。

（1）检查数量：按同一工程、同一工艺的预制构件分批抽样检验。

（2）检验方法：检查试验报告单、质量证明文件及隐蔽工程检查记录。

夹芯保温板的内外叶墙板之间的连接是结构安全的重要环节，因为一旦拉结不住就会脱落，造成安全事故。因此，除了满足国家标准的规定外，还要注意以下要点：

（1）外叶板与内叶板宜分两次生产制作。即先浇筑外叶板混凝土，制作养护完成后，再铺保温材料，绑扎上部钢筋和浇筑上部内叶板。这样做主要是防止连接件在振捣过程中被扰动而与混凝土连接不牢固。

（2）加强保温材料安装的质量控制。保温材料应提前在设计的位置上打孔，便于安装。铺设保温材料时严禁工人踩踏保温材料，同时应保证保温材料间拼缝严密或使用黏结材料密封处理，特别是穿过拉结件的地方如出现钻孔过大，要进行冷桥处理(可采用聚氨酯发泡材料填充冷桥处)。另外，拉结件的位置数量应符合图样设计要求。

(3) 浇筑振捣内叶层时要防止振动棒触碰到连接件。

(4) 连接件安装后要做隐蔽工程验收，并拍照存档。

8.7　装配式混凝土建筑构件的质量评定

完成装配式混凝土建筑构件的制作后，要进行全数检查，并判断是否合格。检查结果分成三类：合格品、可修品、废品。

8.7.1　合格品

预制构件生产的质量检验应按模具、钢筋、混凝土、预应力、预制构件等检验进行。预制构件的质量评定应根据钢筋、混凝土、预应力、预制构件的试验、检验资料等项目进行。当上述各检验项目的质量均合格时，方可评定为合格产品。

8.7.2　可修品

(1) 外观质量出现一般缺陷，经修整后达到合格。

(2) 出现严重缺陷时，制定技术处理方案进行处理，并重新检查验收，合格后可定为合格品。

(3) 尺寸超过允许偏差且影响结构性能、安装性能和使用功能。对于此类产品，经原设计单位认可，工厂技术人员可制定技术处理方案进行处理，并重新检查验收，合格后可定为合格品。

8.7.3　废品

混凝土强度不满足抗压强度的验收要求，或外观质量出现严重缺陷，尺寸超过允许偏差且影响结构性能、安装性能和使用功能等，无法通过处理重新验收，应视为废品。

8.7.4　标识与分类存放

经过检验合格的产品应具有唯一编码和生产信息，宜在明显部位设置标识。产品标识内容宜包含产品名称、编号(应当与施工图编号一致)、规格、设计强度、生产日期、合格状态等。标识宜用电子笔喷绘，也可用记号笔手写，但必须清晰正确。每种类别的构件标识的位置应统一，标识在容易识别的地方，又不影响表面美观。预制构件表面宜预埋无线射频芯片的标识卡（RFID 卡），有利于实现装配式建筑质量全过程控制和追溯，芯片中应存入生产过程及质量控制全部相关信息。

预制构件应根据检查结果分类存放。合格品要进行标识并放在合格区，可修品应放在待修区，废品要放入废品区，并用醒目的颜色标识。

8.8 装配式混凝土建筑构件的结构性能检验

装配式混凝土建筑的预制构件进场时，预制构件结构性能检验应符合下列规定：

（1）梁板类简支受弯预制构件进场时应进行结构性能检验，并应符合下列规定：

① 结构性能检验应符合国家现行有关标准的规定及设计要求，检验要求和试验方法应符合现行国家标准《混凝土结构工程施工质量验收规范》（GB 50204—2015）的有关规定。

② 钢筋混凝土构件和允许出现裂缝的预应力混凝土构件应进行承载力、挠度和裂缝宽度检验；不允许出现裂缝的预应力混凝土构件应进行承载力、挠度和抗裂检验。

③ 对大型构件及有可靠应用经验的构件，可只进行裂缝宽度、抗裂和挠度检验。

④ 对使用数量较少的构件，当能提供可靠依据时，可不进行结构性能检验。

⑤ 对多个工程共同使用的同类型预制构件，结构性能检验可共同委托，其结果对多个工程共同有效。

（2）对于不可单独使用的叠合板预制底板，可不进行结构性能检验。对叠合梁构件，是否进行结构性能检验、结构性能检验采取何种方式应根据设计要求确定。

（3）对（1）、（2）点之外的其他预制构件，除设计有专门要求外，进场时可不做结构性能检验。

（4）对（1）、（2）、（3）点规定中不做结构性能检验的预制构件，应采取下列措施：

① 施工单位或监理单位代表应驻厂监督生产过程。

② 当无驻厂监督时，预制构件进场时应对其主要受力钢筋数量、规格、间距、保护层厚度及混凝土强度等进行实体检验。同一钢种、同一混凝土强度等级、同一生产工艺和同一结构形式的预制构件不超过 1000 个为一批、每批随机抽取 1 个构件（宜从设计荷载最大、受力最不利或生产数量最多的预制构件中抽取）进行结构性能检验，检查其结构性能检验报告或实体检验报告。

8.9 装配式混凝土建筑构件的资料及交付

8.9.1 装配式混凝土建筑构件的资料

装配式混凝土建筑构件的资料应与产品生产同步形成、收集和整理，归档资料宜包括以下内容：

（1）预制混凝土构件加工合同；

（2）预制混凝土构件加工图纸、设计文件、设计洽商、设计变更或交底文件；

（3）生产方案和质量计划等文件；

（4）原材料质量证明文件、复试试验记录和试验报告；

（5）混凝土试配资料；

（6）混凝土配合比通知单；

（7）混凝土开盘鉴定；

（8）混凝土强度报告；

（9）钢筋检验资料、钢筋接头的试验报告；

（10）模具检验资料；

（11）预应力施工记录；

（12）混凝土浇筑记录；

（13）混凝土养护记录；

（14）构件检验记录；

（15）构件性能检测报告；

（16）构件出厂合格证；

（17）质量事故分析和处理资料；

（18）其他与预制混凝土构件生产和质量有关的重要文件资料。

8.9.2　预制构件交付的产品质量证明文件

预制构件交付的产品质量证明文件应包括以下内容：

（1）出厂合格证；

（2）混凝土强度检验报告；

（3）钢筋套筒等其他构件钢筋连接类型的工艺检验报告；

（4）合同要求的其他质量证明文件。

第9章　装配式混凝土建筑的结构工程施工

装配式混凝土建筑的结构工程施工宜采用与构件相匹配的工具化、标准化工装系统。工装系统是指装配式混凝土建筑吊装、安装过程中所用的工具化、标准化吊具、支撑架体等产品，包括标准化堆放架、模数化通用吊梁、框式吊梁、起吊装置、吊钩吊具与墙板斜支撑、叠合板独立支撑、支撑体系、模架体系、外围护体系、系列操作工具等产品。工装系统的定型产品及施工操作均应符合国家现行有关标准及产品应用技术手册的有关规定，在使用前应进行必要的施工验算。

施工前宜选择有代表性的单元或构件进行试安装，根据试安装结果及时调整完善施工方案。

9.1　装配式混凝土建筑的结构工程施工准备

装配式混凝土建筑的结构工程施工准备包括人员准备、机械准备、材料准备等方面。

9.1.1　人员准备

装配式混凝土结构工程施工前，施工单位应按照装配式结构施工的特点和要求，对管理人员、施工作业人员进行质量安全技术交底，从事特种作业的人员应取得相应的资格证书，灌浆施工人员应进行专项培训，合格后方可上岗。

9.1.2　机械准备

吊装设备、吊具和吊索经验算后选用。吊装设备应满足吊装重量、构件尺寸及作业半径等施工要求，并调试合格。

9.1.3　材料准备

装配式混凝土结构施工中采用专用定型产品时，专用定型产品及施工操作应符合国家、行业现行有关标准及产品应用技术手册的规定。采用钢筋套筒灌浆连接的灌浆料、采用钢筋浆锚搭接连接的水泥基灌浆料，以及外墙板接缝处的密封材料等应符合国家、行业现行有关标准的规定。

9.1.4　其他方面的准备

现场运输道路和存放场地应坚实平整，并应有排水措施；施工现场内道路应按照构件运输车辆的要求合理设置转弯半径及道路坡度。

9.2　装配式混凝土建筑的基础

装配式混凝土建筑的基础一般都采用现浇钢筋混凝土基础，与普通钢筋混凝土结构建筑的基础无太大差异，常用基础分为浅基础、箱形基础和桩基础。浅基础包括条形基础、独立基础和筏板基础。桩基础包括钢桩、混凝土预制桩、先张法预应力管桩和混凝土灌注桩。当装配式混凝土建筑设置地下室时，地下室宜采用现浇混凝土；剪力墙结构和部分框支剪力墙结构底部的加强部位宜采用现浇混凝土；框架结构的首层柱宜采用现浇混凝土。当底部加强部位的剪力墙、框架结构的首层柱采用预制混凝土时，应采取可靠的技术措施。施工时，应做好现浇混凝土与预制混凝土对接质量的控制，重点检查各种预留筋、预埋件的施工或安装质量。因装配式施工对精度的要求更高，因此需重点检查其规格、尺寸、位置的符合性，做好与装配式施工的有效对接。

9.3　隐蔽工程验收

装配式混凝土结构的连接节点及叠合构件的施工应进行隐蔽工程验收。隐蔽工程验收应包括以下主要内容：

（1）混凝土粗糙面的质量，键槽的尺寸、数量、位置；

（2）钢筋的牌号、规格、数量、位置、间距，箍筋弯钩的弯折角度及平直段长度；

（3）钢筋的连接方式、接头位置、接头数量、接头面积百分率、搭接长度、锚固方式及锚固长度；

（4）预埋件、预留管线的规格、数量、位置；

（5）预制混凝土构件接缝处防水、防火等构造做法；

（6）保温及其节点施工；

（7）其他隐蔽项目。

9.4 预制框架柱的安装(套筒灌浆)

预制框架柱安装操作步骤:

施工面清理→柱的位置、标高控制→吊点安装→吊运→就位安装→柱的封仓→注浆连接→注浆后节点保护。

9.4.1 施工面清理

预制框架柱吊装就位之前要将支承面处的混凝土表面和钢筋表面清理干净,不得有混凝土残渣、油污、灰尘等,以防止构件灌浆后产生隔离层影响结构性能。

9.4.2 柱的位置、标高控制

在安装层的表面上弹出预制框架柱的轮廓线,控制累计误差在±2 mm内,并采用钢模具对伸出钢筋的位置进行确认。

首层柱的标高可采用垫片控制,标高控制垫片设置在柱下面,垫片有不同厚度(最薄为1 mm,总高度为20 mm),每根柱在下面设置三点或四点,位置均在距离柱外边缘100 mm处,垫片要提前用水平仪测好标高,标高以柱顶面设计结构标高+20 mm为准,过高或过低可通过增减垫片的数量进行调节,直至柱子的高度及垂直度达到控制要求。

上部楼层柱的标高可采用螺栓控制,利用水平仪将螺栓标高测量准确。标高以柱顶面设计标高+20 mm为准,过高或过低可通过松紧螺栓的方式进行调节,直至达到要求标高为准。

9.4.3 吊点安装

起吊柱应采用专用吊运钢板和吊具,用卸扣、螺旋吊点将吊具、钢丝绳与柱上端的预埋吊点连接紧固。

9.4.4 吊运

预制框架柱起立之前应在柱起立时的着地面垫两层橡胶地垫,用来防止构件着地面起立时造成破损。吊装时,采用一点慢速起吊,使预制框架柱在吊升中受振动较小,起吊过程中柱不得与其他构件发生碰撞。

9.4.5　就位安装

柱起吊后，停在预留筋上 30～50 mm 处进行对位，使预制框架柱的套筒与预留钢筋吻合(通过在柱的四个面放置镜子进行观察)，并采用提前预埋的螺栓控制 2 cm 施工拼缝，调整垂直偏差在 2 mm 之内(用两架经纬仪检查柱的垂直度)，最后采用 3 面斜支撑将其固定。吊装完毕后对预制框架柱底部 2 cm 缝隙进行封仓和注浆处理。

9.4.6　柱的封仓

预制框架柱封仓前用气泵压缩空气检查每个灌浆孔、出浆孔，确保无杂质并且保持通畅；用吹风机对柱的基底进行二次清理；封仓前对封仓部位混凝土进行湿润。

预制框架柱封仓一般有两种做法：

(1) 采用专用的封仓浆料封仓。采用专用的封仓浆料填抹 1.5～2 cm(确保不堵套筒孔)，一段抹完后抽出内衬进行下一段填抹。常温下约 24 h 后(封仓浆料强度达到30 MPa)再进行其他作业。封仓浆料(即坐浆料)的强度试块用 70.7 mm 的立方体模具制备，按批检验，以每层为一检验批，每工作班同一配合比应制作 1 组且每层不应少于 3 组试件(每组 3 块)，标准养护 28 d 后进行抗压强度试验。

(2) 采用外模法封仓。当空隙高度大于 2 cm 时，为确保不爆仓，在封浆料强度达到 30 MPa 后，采用木模板内衬 1 cm 厚泡沫板支护封仓位，与柱连接面采用柔性压紧连接。

9.4.7　注浆连接

(1) 制备注浆料

按照出厂水料比制作。用电子秤计量注浆料，刻度杯计量水，先放水再放 70%的料，进行搅拌，搅拌 1～2 min 大致均匀后，再将剩余料加入，并搅拌 3～4 min，直至浆料彻底均匀。注浆料的数量应满足施工要求，通过一桶可注浆使用、一桶同时在静置排气泡、一桶同时在搅拌的方式满足连续使用要求。浆料在使用前，应用滤网过滤掉大颗粒。注浆料制备后，要确保注浆料在 30 min 内使用完。注浆料的强度试块用 40 mm×40 mm×160 mm 的长方体模具制备，按批检验，以每层为一检验批，每工作班应制作 1 组且每层不应少于 3 组试件(每组 3 块)，标准养护 28 d 后进行抗压强度试验。

(2) 压力注浆

使用前用水清洗注浆泵(枪)。从接头下方选择一个注浆孔向套筒内压力注浆，同一个仓位要连续注浆，不得中途停顿。接头注浆时，待上方的排气孔连续流出浆料后，用专用橡胶塞封堵。按照浆料排出先后顺序，依次封堵注、排浆孔，封堵时注浆泵(枪)要一直保持压力，直至所有注、排浆孔出浆并封堵牢固，然后再停止注浆，在浆料初凝前检查注浆情况，对漏浆处及时进行处理。

9.4.8 注浆后节点保护

注浆料强度达到 35 MPa 后，方可进行下一道工序施工。注浆料强度达标前，应做好节点保护，不得触碰、扰动构件。

9.5 叠合梁、板的安装（框架结构）

叠合梁、板安装的操作步骤：

钢支撑的施工准备→测量放线→搭设梁、板支撑体系→吊装叠合梁→节点钢筋连接→吊装叠合板→安装钢筋及线管→浇筑节点混凝土→叠合梁、板现浇层施工→混凝土养护→拆除临时支撑。

9.5.1 钢支撑的施工准备

(1) 认真编制独立可调式钢支撑的施工专项方案，做好施工操作的安全、技术交底工作。

(2) 按计划组织独立可调式钢支撑的材料进场、堆放。

9.5.2 测量放线

根据引入施工作业区的标高控制点，用水准仪测设出叠合梁安装位置处的水平控制线，水平控制线宜设在作业区梁底标高低 1 m 处的竖向结构构件上，同一作业区的水平控制线应该重合，根据水平控制线标出叠合梁的梁底位置线。根据轴线、外墙板线，用线锤、靠尺、经纬仪等测量方法将梁端控制线引至竖向结构构件上。

9.5.3 搭设梁、板支撑体系

测量放线后，开始搭设梁、板支撑体系，梁、板支撑体系必须有足够的强度和刚度。

放线后，按尺寸放置钢支柱。楼层上下层钢支柱应在同一中心线上，独立钢支柱的横纵向应与梁底脚手架承重支撑的水平横纵杆连接。

梁、板支撑体系的木工字梁设置方向垂直于叠合板内格构梁的方向。梁底边支座宽度不得大于 500 mm，间距不大于 1200 mm。起始支撑设置根据叠合板与边支座的搭设长度来决定，当叠合板边与边支座的搭接长度大于或等于 40 mm 时，叠合板边支座附近 1.5 m

内无须设置支撑；当叠合板与边支座的搭接长度小于 40 mm 时，需在叠合板边支座附近 200～500 mm 范围内设置一道支撑。

梁、板支撑体系的顶面高度必须达到精准的要求，跨度大于 4 m 时中间的位置要适当起拱，以保证梁、板一体化浇筑成型后底面平整。

9.5.4　吊装叠合梁

吊装叠合梁采用专用吊装钢梁和吊具，用卸扣、吊钩将吊具、钢丝绳、梁上端的预埋吊环连接紧固，主钢丝绳与吊装钢梁的水平夹角不宜小于 60°。

起吊过程中，梁伸出钢筋不得与其他物体发生碰撞。叠合梁的吊装顺序宜遵循先主梁后次梁、先高后低的原则。

塔式起重机将梁缓缓吊起，待梁的底边升至距地面 30 cm 时略作停顿，检查吊挂是否牢固，叠合梁是否水平，若有问题须立即处理，确认无误后继续提升，使之慢慢靠近安装作业面。

待梁靠近作业面上方 30 cm 左右，作业人员用手扶住梁，按照位置线使梁慢慢就位，放在事前准备好的支撑上。如标高有误差，可通过调节立撑顶托至合适高度。

叠合梁吊装就位后，采用可调节斜支撑螺杆将梁与地面进行固定（起拉紧、顶紧作用），预制叠合梁的竖向位置可通过调节斜支撑进行校正。可调斜支撑在内梁的一侧设置两根，另一侧设置一根；对于边梁可只在内侧设置两根。预制梁临时固定后，方可拆除吊钩。

9.5.5　节点钢筋连接

安装或连接节点区域的叠合梁钢筋后，检查预制叠合梁节点位置的钢筋分布情况及构件表面情况，符合相关要求后吊装叠合板。

9.5.6　吊装叠合板

吊装叠合板前，应将支座基础面及楼板底面清理干净，避免点支撑。

吊装叠合板应按顺序依次铺开，不宜间隔吊装。根据施工图纸，确定叠合板安装位置，并对叠合板按安装位置编号，确定吊装顺序。根据施工图纸，弹出叠合板平面定位线及标高控制线，并对控制线进行复核。

起吊叠合板时，应尽可能减小因自重产生的弯矩。如果构件较大时，应采用钢梁或钢架进行起吊，并保证各个吊点均匀受力，使构件平稳起吊。

吊起叠合板距地 50 cm 时停止，检查钢丝绳、吊钩的受力情况以及叠合板的水平状况，确认无误后，再吊运至楼层作业面。

叠合板就位时，应从上垂直向下安放，在设定标高上空 20 cm 处略作停顿，施工人员手扶叠合板调整位置，将板边与墙上的安放位置对准，再慢慢放下，严禁快速猛放，避免冲击力过大造成板面震裂或折断。

叠合板就位校正时，采用楔形小木块嵌入调整，不得直接使用撬棍调整，以免造成损坏。板的位置偏差应不大于 5 mm，接缝宽度应满足设计要求。

叠合板安装就位后，采用红外线标线仪复核板底标高和接缝高差，如超允许偏差，可通过调节板下支撑的支托高度消除超标偏差，局部无法调整的支座处出现的空隙需做封堵处理，完成后应加强成品保护。

9.5.7 安装钢筋及线管

叠合板安装调平后，即可进行附加钢筋及楼板下层横向钢筋的安装，接下来即可根据深化设计图纸要求，布设机电管线。为便于施工，叠合板在工厂生产阶段已将相应的线盒及预留洞口等按设计图纸预埋在预制板中，施工过程中须做好成品保护工作，待机电管线铺设完毕、清理干净后，根据叠合板上方钢筋间距控制线进行钢筋绑扎，并保证钢筋搭接长度、间距和保护层厚度符合设计要求。

9.5.8 浇筑节点混凝土

施工后浇筑混凝土时，应先浇筑节点混凝土(包括预制柱与叠合梁的连接节点、叠合主梁与叠合次梁的连接节点)，柱与叠合梁的混凝土强度等级不同时，柱与叠合梁的节点混凝土应符合设计要求。

9.5.9 叠合梁、板现浇层施工

在浇筑节点混凝土后，接着浇筑叠合梁、板现浇层的混凝土。

在浇筑叠合梁、板上混凝土之前，应派专人对叠合板底部接缝进行检查，对一些缝隙过大的部位进行封堵处理，以免影响混凝土的浇筑质量。待叠合面清理干净、钢筋隐蔽验收合格、湿润叠合梁(板)混凝土后，分段浇筑叠合板的后浇混凝土，每一段从同一端开始浇筑混凝土，浇筑后及时使用平板振动器振捣密实。根据楼板标高控制线，采用 2 m 长刮杆将混凝土面刮平，收面后拉毛处理。施工必须连续进行、一次完成。

9.5.10 混凝土养护

浇筑混凝土后，随即进行覆膜养护，养护时间不少于 14 d。强度达到要求后，可进行后续工序施工。

9.5.11　拆除临时支撑

节点混凝土的强度满足要求后，可拆除叠合梁的斜支撑螺杆。立撑须在完成上两层梁、板的施工后，且在本层后浇混凝土强度达到设计要求时方可拆除。

9.6　预制装配式钢筋混凝土楼梯安装

预制装配式钢筋混凝土楼梯安装工艺流程：

施工前准备工作→放楼梯定位线→钢筋调直与放置垫片→铺设细石混凝土→吊装前准备工作→吊装预制楼梯→安装防护。

9.6.1　施工前准备工作

仔细阅读施工详图，按设计要求编制安装方案；对施工人员及质检人员进行技术交底；准备好施工工具及辅助材料。清理楼梯段安装位置的梁板施工面，检查预制楼梯构件规格及编号，确认安装位置，并标注吊装顺序。

9.6.2　放楼梯定位线

根据施工详图，在楼梯上下休息平台板上分别放出楼梯定位线，包括梯段上、下安装部位的水平位置与垂直位置的控制线。

9.6.3　钢筋调直与放置垫片

如有预留插筋，应检查插筋的状况，如有偏位，应校正、调直。

在梯梁面两端放置定位钢垫片或者硬质塑料垫片，垫片的顶面标高应符合设计及安装要求。常用垫片厚度有 1 mm、2 mm、3 mm、5 mm、8 mm、10 mm、15 mm、20 mm。通过组合放置垫片可满足控制标高要求。

9.6.4　铺设细石混凝土

在固定支座端，按接触面尺寸(通常是长 1200 mm、宽 250 mm 的楼梯踏步面的尺寸)铺设细石混凝土并找平，细石混凝土顶面标高比垫片顶面高 5～10 mm，使楼梯就位后与细石混凝土结合密实。也可以采用外侧用干硬性砂浆封堵楼梯与楼梯梁之间的缝隙后，用自流平细石混凝土灌封的方法。

9.6.5 吊装前准备工作

信号工、挂钩人员、安放及固定楼梯人员等作业人员就位。质量检查人员核对楼梯型号、尺寸及进行质量检查，确认无误后，准备吊装。

9.6.6 吊装预制楼梯

用吊钩及长短钢丝绳吊装预制楼梯，使楼梯的起吊角度与就位后的角度基本一致，且吊装梁呈水平状态，楼梯吊装钢丝绳与吊装梁垂直，主吊索与吊装梁水平夹角不宜小于 60°。为了方便安装楼梯时的调整，可用两个手拉葫芦代替下部两根钢丝绳。司索工挂好锁住楼梯后撤离，信号工确认情况安全后指挥起吊。起吊到距离地面 300 mm 左右稍作停顿，确定安全后继续缓慢起吊。就位时预制楼梯要从上垂直向下安装，在作业层上空30 cm左右处略作停顿，施工人员手扶预制楼梯调整方向，将预制楼梯的边线与梯梁上的安装控制线对准，放下时要停稳慢放，严禁快速猛放。如有预留插筋，放下时让插筋插入楼梯的预留孔洞，将楼梯安装到位。楼梯基本就位后，根据控制线，利用撬棍微调楼梯位置，直到位置正确。同时应注意标高位置，校正至平实后再脱钩。

9.6.7 安装防护

完成预制楼梯的吊装后，及时安装踏步防护板及临时护栏，并加强成品保护。

9.7 实心剪力墙预制构件安装

实心剪力墙预制构件安装工艺流程：

施工前准备工作→弹定位线和分仓线→复核钢筋位置→调节预埋螺栓高度→起吊预制实心剪力墙→预制实心剪力墙就位→预制实心剪力墙安装→分仓作业→接缝周圈密封→制备灌浆料→压力灌浆→灌浆后节点保护→剪力墙构件间的水平连接。

9.7.1 施工前准备工作

对支承剪力墙处的混凝土表面进行处理，不得有混凝土残渣、油污、灰尘等，满足后浇混凝土结合面的要求；检查墙板构件的编号、套筒、预留孔的规格、位置、数量、深度及外观质量；检查墙板支撑的规格型号、辅助材料等，为施工做好准备。

9.7.2　弹定位线和分仓线

弹出轴线位置，弹出实心剪力墙预制构件的轮廓控制线，控制误差在±2 mm内，以确定剪力墙的准确位置。

当实心剪力墙预制构件的竖向连接采用灌浆连接，灌浆水平距离超过2 m时，为保证灌浆饱满及灌浆操作的可行性，宜进行分区域分割灌浆作业，即“分仓”灌浆。每个区域除预留灌浆孔、出浆孔与排气孔，应形成密闭空腔，不应漏浆。“分仓”长度要根据灌浆部位的长度及空腔容积的大小进行确定，分仓长度一般控制在1.0～1.5 m之间。采用手动灌浆枪灌浆时，单仓长度应适当减少。根据实际情况弹出分仓线并进行编号管理。

9.7.3　复核钢筋位置

检查连接钢筋位置、长度、垂直度、表面清洁情况。通过使用自制的固定钢模具对连接钢筋的位置进行复核，如有偏位，应进行调整，使连接钢筋偏离套筒或孔洞中心线不超过2 mm，并采取措施进行保护。同时，对照设计图纸检查钢筋规格、预留长度等，以确认预留钢筋满足设计要求。

9.7.4　调节预埋螺栓高度

调节预埋螺栓的高度，用水准仪对预埋螺栓的标高进行控制，使预埋螺栓的标高达到设计标高的验收要求，并使接缝厚度不大于20 mm。

9.7.5　起吊预制实心剪力墙

起吊预制实心剪力墙时，应按照制定好的吊装安装顺序，按起重设备吊设范围由远及近进行吊装。吊运时，须使用专用吊装钢梁：当墙板长度小于4 m时，采用小型吊装钢梁；当墙板长度大于4 m时，需采用大型吊装钢梁。吊装用钢丝绳与专用卸扣的安全系数不应小于6，起吊重大构件时，除应采取妥善保护措施外，吊索的安全系数应取10，主钢丝绳与吊装钢梁水平夹角不宜小于60°。塔式起重机应缓慢将预制实心剪力墙吊起，升至离地面500 mm时略作停顿，检查吊挂是否牢固、起重设备的主钩位置与吊装钢梁及剪力墙重心是否在竖直方向上重合、板面是否有破损或被污染等情况，若有问题须立即处理，确认无问题后，继续提升至安装作业面。吊运过程应平稳，不应有大幅度摆动，且不应长时间悬停，更不得与摆放架发生碰撞。

9.7.6 预制实心剪力墙的就位

预制实心剪力墙在起吊至距安装位置上方 500 mm 左右略作停顿，施工人员手扶墙板，控制剪力墙的下落方向，待到距预埋钢筋顶部 20 mm 处，利用反光镜进行钢筋与套筒对位，待预制实心剪力墙底部套筒位置与下部预埋钢筋位置对准后，再缓慢下降，使之平稳就位。检查剪力墙与基层预埋螺栓间是否紧密压实，如不满足，继续调整螺栓，使之满足要求。

9.7.7 预制实心剪力墙安装

安装时，由专人负责对剪力墙的内侧中心线及两侧边线与楼板面的墨线进行对线，让剪力墙底部准确就位后，安装临时可调节钢斜撑进行固定。一般情况下，每块墙板安装不得少于四根斜撑(上下各两根)，上部斜撑的支撑点距离底部的距离不宜小于高度的 2/3。安装斜撑时，通过预埋件将支撑托板安装在剪力墙和楼板上，再将钢支撑螺杆连接在剪力墙和楼板的支撑托板上，钢支撑螺杆可调节长度范围不得超过±100 mm。固定剪力墙后，通过调整钢斜撑的可调螺杆对剪力墙的位置和垂直度进行校位。调节墙板的里外位置时调节下面的支撑螺杆，调节墙板的垂直度时调节上面的支撑螺杆，调节过程要用 2 m 长吊线尺进行跟踪检查，直至构件的位置及垂直度均在允许偏差的范围内。剪力墙固定后，才可摘除吊钩。

9.7.8 分仓作业

固定预制实心剪力墙后进行分仓作业，使用干硬性坐浆料时两侧需装模板(通常采用便于抽出的外径 2 cm 的软管或 PVC 管)，将拌好的坐浆料填塞充满模板，保证与上下构件表面结合密实，然后抽出模板。分仓后在构件相对应位置做出分仓标记。分仓隔墙较宽处可在构件吊装时铺设坐浆料，但要确保坐浆料受压后不影响灌浆套筒。对无灌浆接缝区域也可采用坐浆法密封。坐浆料的强度试块用 70.7 mm 的立方体模具制备，按批检验，以每层为一检验批，每工作班同一配合比应制作 1 组且每层不应少于 3 组试件(每组 3 块)，标准养护 28 d 后进行抗压强度试验。

9.7.9 接缝周圈密封

(1) 接缝周圈使用坐浆料密封时，内侧需装模板(通常采用便于抽出的外径 2 cm 的软管或 PVC 管)，填抹 1.5～2 cm 宽的坐浆料(确保不堵套筒孔)，并填抹封堵密实后，再抽出模板。待坐浆料的强度达到要求(约 30 MPa)后再灌浆。

(2) 使用弹性橡胶或 PE 密封条封堵时，需保证结构的上下间隙均匀，弹性材料被压紧，必要时在密封条的外侧用角钢或木板做支撑，加强保护。

（3）剪力墙的外侧常使用宽 2 cm 的橡胶密封条或海绵条封堵，在剪力墙就位前放置好，封堵时应不影响受力钢筋的保护层厚度。为保证外墙封堵干净整洁，便于后期注胶，剪力墙的外侧不宜用坐浆料封堵。

9.7.10 制备灌浆料

套筒灌浆连接应采用由接头型式检验确定的相匹配的灌浆料。钢筋套筒灌浆前，应有钢筋套筒型式检验报告及工艺检验报告，并在现场模拟构件连接接头的灌浆方式，每种规格钢筋应制作不少于 3 个套筒灌浆连接接头，进行灌注质量以及接头抗拉强度的检验及工艺检验；当工艺检验与检验报告有较大差异时，应再次进行工艺检验，经检验合格后，方可进行灌浆作业。

灌浆料按照确定的水料比制作。用电子秤计量注浆料，刻度杯计量水（也可用电子秤计量水），先放水再放 70%～80%的料进入搅拌桶，用可变速电动搅拌机进行搅拌，搅拌 1～2 min 大致均匀后，再将剩余料加入，并搅拌 3～4 min，直至浆料彻底均匀，搅拌完成后，不得再次加水。灌浆料的数量应满足施工要求，通过一桶可灌浆使用、一桶同时在静置排气泡（静置 2 min 后使用）、一桶同时在搅拌的方式满足连续使用要求。浆料在使用前，应用滤网过滤掉大颗粒，并做初始流动度检验，每工作班应检查灌浆料拌合物初始流动度不少于 1 次。灌浆料技术性能应符合表 9.1 的要求。

表 9.1 套筒灌浆料技术性能要求

项目		性能指标
泌水率		0%
流动度（mm）	初始值	≥300
	30 min 保留值	≥260
竖向膨胀率	3 h	≥0.02%
	24 h 与 3 h 的膨胀率之差	0.02%～0.5%
抗压强度（MPa）	1 d	≥35
	3 d	≥60
	28 d	≥85
氯离子含量（%）		≤0.03%

注：泌水率试验方法应符合现行国家标准《普通混凝土拌合物性能实验方法标准》（GB/T 50080—2016）的规定。

灌浆料制备好后，要确保灌浆料在 30 min 内使用完，当环境温度高于 30 ℃时，应采取降低灌浆料拌合物温度的措施（环境温度低于 5 ℃时不宜施工）。另外，散落的灌浆料拌合物不得二次使用，剩余的拌合物不得再次添加灌浆料、水后混合使用。灌浆料的强度试块用 40 mm×40 mm×160 mm 的长方体模具制备，按批检验，以每层为一检验批，每工作班应制作 1 组且每层不应少于 3 组试件，标准养护 28 d 后进行抗压强度试验。

9.7.11 压力灌浆

对于首次施工，宜选择有代表性的单元或部位进行试制作、试安装、试灌浆，使用前用水清洗灌浆泵(枪)。从接头下方选择一个注浆孔向套筒内压力灌浆，同一个仓位要连续灌浆，不得中途停顿。接头灌浆时，待上方的排气孔连续流出浆料后，用专用橡胶塞封堵。按照浆料排出先后顺序，依次封堵灌、排浆孔，封堵时灌浆泵(枪)要一直保持压力，直至所有灌、排浆孔出浆并封堵牢固后，再停止灌浆。在浆料初凝前检查灌浆情况，对漏浆处及时进行处理。

灌浆施工宜采用一点灌浆的方式进行施工，当一点灌浆遇到问题而需要改变灌浆点时，各灌浆套筒已封堵灌浆孔、出浆孔的，应重新打开，待灌浆料拌合物再次流出后进行封堵。当灌浆施工出现无法出浆的情况时，应查明原因，分别采取有针对性的施工措施。对于未密实饱满的竖向连接灌浆套筒，当在灌浆料加水拌和 30 min 内时，应首选在灌浆孔补灌；当灌浆料拌合物已无法流动时，可从出浆孔补灌，并应采用手动设备结合细管压力灌浆。补灌应在灌浆料拌合物达到设计规定的位置后停止，并应在灌浆料凝固后再次检查其位置符合设计要求。

9.7.12 灌浆后节点保护

灌浆料强度达到 35 MPa 后，方可进行下一道工序施工。灌浆料强度达标前，应做好节点保护，不得触碰、扰动构件。临时可调节钢斜撑应在灌浆料抗压强度能确保结构满足后续施工承载要求后方可拆除。

9.7.13 剪力墙预制构件间的水平连接

剪力墙预制构件间的水平连接包括纵横剪力墙 T 形连接、纵横剪力墙转角型连接、剪力墙的一字形连接。连接区域的施工包括以下几个方面：

(1) 施工准备

① 施工前，应编制模板工程专项施工方案。模板及支架的设计应根据工程的结构形式、荷载大小、施工设备和材料等条件进行设计。应具有足够的承载力、刚度和稳定性，能可靠地承受新浇混凝土的自重、侧压力和施工过程中所产生的荷载及风荷载；模板的连接螺栓、连接螺栓的预埋螺母、对拉螺杆的设计需在墙板预制生产阶段前期根据施工安装选用的

模板体系进行设计。模板的构造应简单，拆装方便，便于钢筋的绑扎、安装和混凝土的浇筑、养护；模板的结构形式宜采用定型模板，模板的连接及拉接间距及规格数量根据模板的刚度设计，建议采用铝合金(复合)模板、定型钢木组合模板、轻量化模板等，以减少塔吊周转使用频率。当验算模板及其支架在自重和风荷载作用下的抗倾覆稳定性时，应符合相应材质结构设计规范的规定；模板及支架应根据施工期间各种受力状况进行结构分析，并确定其最不利的作用效应组合；模板及支架结构构件的计算应符合国家现行标准《混凝土结构工程施工规范》(GB 50666—2011)的有关规定。

② 施工管理及操作人员应熟悉模板设计施工图纸，并按照模板施工平面布置图和编号确认安装位置。

(2) 测量、放线

安装模板前，应进行测量放线，并保证模板的位置准确。

(3) 节点区钢筋绑扎

按照剪力墙结构的构件配筋、连接设计中的节点设计详图进行钢筋绑扎，安装质量应符合《混凝土结构工程施工质量验收规范》(GB 50204—2015)的验收要求。

(4) 预埋件留设

固定在模板上的预埋件、预留孔和预留洞，均不得遗漏，且应安装牢固、位置准确。

(5) 后浇节点区定型模板安装

后浇混凝土的节点模板应在钢筋绑扎完成后进行安装，模板与混凝土接触面应清理干净并涂刷脱模剂，脱模剂不得污染钢筋和混凝土接槎处。模板安装应保证混凝土结构构件各部分形状、尺寸和相对位置准确，并应防止漏浆。

(6) 定型模板加固

对竖向构件的模板及支架，应根据混凝土一次浇筑高度和浇筑速度，采取竖向模板抗侧移和抗倾覆措施。对水平构件的模板及支架，应结合不同的支架和模板面板形式，采取支架间、模板间及模板与支架间的有效拉接措施。对可能承受较大风荷载的模板，应采取防风措施。

(7) 模板检查校验

主要检查模板在保证混凝土结构的形状、尺寸和位置准确等方面的情况，并应拼缝严密、防止漏浆。

(8) 混凝土浇筑

在浇筑混凝土前应洒水润湿结合面，混凝土应振捣密实。

(9) 模板的拆除

模板拆除时，可采取先支后拆、后支先拆，先拆非承重模板、后拆承重模板的顺序，并应从上而下进行拆除。当混凝土强度能保证其表面及棱角不受损伤时，方可拆除侧模；当混凝土强度达到拆模要求时，方可拆除承重模板。拆下的模板及支架杆件严禁抛掷，应分散堆放在指定地点，并及时清运。模板拆除后应将其表面清理干净，对变形和损伤部位进行修复。

9.8 双面叠合剪力墙的施工

双面叠合剪力墙的施工工艺流程：

施工准备→定位放线→边缘构件的钢筋安装→控制垫片标高→起吊双面叠合剪力墙→双面叠合剪力墙的就位→双面叠合剪力墙的安装→安装连接钢筋及预埋水电线管→安装铝模板→浇筑双面叠合剪力墙的后浇混凝土。

9.8.1 施工准备

施工前，先对基层的杂物进行清理。

9.8.2 定位放线

通过测放轴线，弹出双面叠合剪力墙的轮廓线并进行构件编号。

9.8.3 边缘构件的钢筋安装

复核约束边缘构件、构造边缘构件竖向钢筋的位置，如有偏位，进行调整。安装约束边缘构件、构造边缘构件的钢筋，同时对照设计图纸检查钢筋规格、预留长度等，以确认安装的钢筋满足设计及验收要求。

9.8.4 控制垫片标高

用水准仪对垫片标高进行测量、控制，使垫片标高满足设计要求（水平接缝的高度在50～100 mm 的范围内）。

9.8.5 起吊双面叠合剪力墙

起吊双面叠合剪力墙时，采用四点起吊，主钢丝绳与吊装梁水平夹角不宜小于60°。塔式起重机缓慢将双面叠合剪力墙吊起，升至离地面500 mm 左右时略作停顿，检查吊挂是否牢固、板面是否有破损或被污染等情况，若有问题须立即处理，确认无问题后，继续提升至安装作业面。

9.8.6 双面叠合剪力墙的就位

双面叠合剪力墙在距安装位置上方500 mm左右时略作停顿，施工人员手扶墙板，对照轮廓线控制剪力墙的下落方向，使之平稳就位。检查剪力墙与垫片间的接触情况，接触应压实，且垫片不偏位。如不满足，应进行调整，使之满足要求。

9.8.7 双面叠合剪力墙的安装

墙体落稳且标高、轴线复核完成后，安装临时可调节钢斜撑进行固定。一般情况下，每块墙板安装不得少于四根斜撑（上下各两根），上部斜撑的支撑点距离底部的距离不宜小于高度的2/3。安装斜撑时，通过预埋件将支撑托板安装在剪力墙和楼板上，再将钢支撑螺杆连接在剪力墙和楼板的支撑托板上，钢支撑螺杆可调节长度范围不得超过±100 mm。固定剪力墙后，通过调整钢斜撑的可调螺杆对剪力墙的位置和垂直度进行校位。通过短杆调整墙体位置，长杆调整墙体垂直度。用检测仪器测量墙板的相对位置、竖向标高位置，确认在允许偏差范围内后再加以固定。剪力墙固定后，方可拆除吊钩。

9.8.8 安装连接钢筋及预埋水电线管

安装双面叠合剪力墙的水平连接钢筋及墙顶竖向连接钢筋，并预埋水电线管，钢筋规格、长度、间距等应满足设计及验收要求。

9.8.9 安装铝模板（包括边缘构件、后浇段及墙脚位的模板）

与预制框架式结构、预制实心剪力墙结构不同，双面叠合剪力墙结构在吊装施工中不需要与套筒灌浆连接，而是搭设约束边缘构件、构造边缘构件、后浇段铝模板现浇混凝土连接预制构件。铝模板的安装操作流程是：清理铝模板，涂刷脱模剂；通过定位控制线确定铝模板的安装位置；安装边缘构件、后浇段及墙脚位的铝模板，校位后固定。

9.8.10 浇筑双面叠合剪力墙的后浇混凝土

浇筑双面叠合剪力墙的后浇混凝土（包括全部空腔内的后浇混凝土），待混凝土强度满足要求后拆除模板，养护混凝土不少于14 d。

9.9 剪力墙结构的叠合梁、板(或预应力板)安装

剪力墙结构的叠合梁、板(或预应力板)安装的操作步骤:

施工准备→测量放线→搭设梁、板支撑体系→吊装叠合梁→吊装叠合板→安装叠合板间后浇带的模板→安装钢筋及线管→浇筑节点混凝土→叠合梁、板现浇层施工→混凝土养护→拆除临时支撑。

9.9.1 施工准备

清理施工层地面,检查预留洞口部位的覆盖防护,检查支撑材料规格、辅助材料的准备情况,检查叠合板构件的编号及质量情况;认真编制独立可调式钢支撑的施工专项方案,做好施工操作的安全、技术交底工作;按计划组织独立可调式钢支撑的材料进场、堆放。

9.9.2 测量放线

根据引入施工作业区的标高控制点,进行支撑布置轴线测量放线,标记叠合板底板支撑的位置;用水准仪测设出叠合梁安装位置处的水平控制线,水平控制线宜设在作业区梁底标高低 1 m 处的竖向结构构件上,同一作业区的水平控制线应该重合,根据水平控制线标出叠合梁的梁底位置线。根据轴线、外墙板线,用线锤、靠尺、经纬仪等测量方法将梁端控制线引至竖向结构构件上。

9.9.3 搭设梁、板支撑体系

测量放线后,开始搭设梁、板支撑体系,梁、板的支撑体系必须有足够的强度和刚度。

放线后,按尺寸放置钢支柱。楼层上下层钢支柱应在同一中心线上,独立钢支柱的横纵向应与梁底脚手架承重支撑的水平横纵杆连接。

梁、板支撑体系的木工字梁设置方向垂直于叠合板内格构梁的方向。梁底边支座宽度不得大于 500 mm,间距不大于 1200 mm。起始支撑设置根据叠合板与边支座的搭设长度来决定:当叠合板边与边支座的搭接长度大于或等于 40 mm 时,叠合板边支座附近 1.5 m 内无须设置支撑;当叠合板与边支座的搭接长度小于 40 mm 时,需在叠合板边支座附近 200～500 mm 范围内设置一道支撑。

梁、板支撑体系的顶面高度必须达到精准的要求,跨度大于 4 m 时中间的位置要适当起拱,以保证梁、板一体化浇筑成型后底面平整。

9.9.4　吊装叠合梁

起吊叠合梁采用专用吊运钢梁和吊具，用卸扣、吊钩将吊具、钢丝绳、梁上端的预埋吊环连接紧固。

起吊过程中，梁伸出钢筋不得与其他物体发生碰撞。叠合梁的吊装顺序宜遵循先主梁后次梁、先高后低的原则。

塔式起重机将梁缓缓吊起，待梁的底边升至距地面 30 cm 时略作停顿，检查吊挂是否牢固，若有问题须立即处理，确认无误后继续提升，使之慢慢靠近安装作业面。

待梁靠近作业面上方 30 cm 左右，作业人员用手扶住梁，按照位置线使梁慢慢就位，放在事前准备好的支撑上。如标高有误差，可通过调节立撑顶托调整至合适高度。

叠合梁吊装就位后，采用可调节斜支撑螺杆将梁与地面进行固定(起拉紧、顶紧作用)，预制叠合梁的竖向位置可通过可调节斜支撑进行调节校正。可调节斜支撑在内梁的一侧设置两根，另一侧设置一根；对于边梁可只在内侧设置两根。预制梁临时固定好后，方可拆除吊钩。

9.9.5　吊装叠合板

吊装叠合板前，应将支座基础面及楼板底面清理干净，避免点支撑。

吊装叠合板应按顺序依次铺开，不宜间隔吊装。根据施工图纸，确定叠合板安装位置，并对叠合板按安装位置编号，确定吊装顺序。

根据施工图纸，弹出叠合板平面定位线及标高控制线，并对控制线进行复核。

起吊叠合板时，应尽可能减小因自重产生的弯矩。如果构件较大，应采用钢梁或钢架进行起吊，并保证各个吊点均匀受力，使构件平稳起吊。

吊起叠合板距地 50 cm 时停止，检查钢丝绳、吊钩的受力情况、叠合板的水平状况，确认无误后，再吊运至楼层作业面。

叠合板就位时，应从上垂直向下安放，在设定标高上空 20 cm 处略作停顿，施工人员手扶叠合板调整位置，将板边与墙上的安放位置对准，再慢慢放下，严禁快速猛放，避免冲击力过大造成板面震裂或折断。

叠合板就位校正时，采用楔形小木块嵌入调整，不得直接使用撬棍调整，以免造成损坏。板的位置偏差应不大于 5 mm，接缝宽度应满足后浇带的宽度要求。

叠合板安装就位后，采用红外线标线仪复核板底标高和接缝高差，如超过允许偏差，可通过调节板下支撑的支托高度消除超标偏差，局部无法调整和避免的支座处出现的空隙需做封堵处理，完成后应加强成品保护。

9.9.6 安装叠合板间后浇带的模板

叠合板间后浇带的模板安装后，使叠合楼板四周稳固，模板的平整度、板面间高差、拼缝宽度等应符合验收要求。

9.9.7 安装钢筋及线管

叠合板安装调平后，进行钢筋安装，包括安装或连接节点区域的叠合梁钢筋，安装叠合板间后浇带的下层钢筋(通常叠合板四周都有外伸钢筋)。接着，根据深化设计图纸要求，布设机电管线。为便于施工，叠合板在工厂生产阶段已将相应的线盒及预留洞口等按设计图纸预埋在预制板中，施工过程中须做好成品保护工作。待机电管线铺设完毕、清理干净后，根据叠合板上方钢筋间距控制线进行钢筋绑扎，并保证钢筋搭接长度、间距和保护层厚度符合设计要求。

9.9.8 浇筑节点混凝土

施工后浇混凝土时，应先浇筑节点混凝土(包括预制剪力墙与叠合梁的连接节点、叠合主梁与叠合次梁的连接节点)，剪力墙与叠合梁的混凝土强度等级不同时，剪力墙与叠合梁的节点混凝土应符合设计要求。

9.9.9 叠合梁、板现浇层施工

在浇筑节点混凝土后，接着浇筑叠合梁、板现浇层的混凝土。

在浇筑叠合梁、板上混凝土之前，应派专人对叠合板底部接缝进行检查，对一些缝隙过大的部位进行封堵处理，以免影响混凝土的浇筑质量。待叠合面清理干净、钢筋隐蔽验收合格、湿润叠合梁(板)混凝土后，分段浇筑叠合板的后浇混凝土，每一段从同一端开始浇筑混凝土。浇筑后，及时使用平板振动器振捣密实。根据楼板标高控制线，采用 2 m 长刮杆将混凝土面刮平，收面后拉毛处理。施工须连续进行、一次完成。

9.9.10 混凝土养护

浇筑混凝土后，随即进行覆膜养护，养护时间不少于 14 d。强度达到要求后，可进行后续工序施工。

9.9.11　拆除临时支撑

节点混凝土的强度满足要求后，可拆除叠合梁的斜支撑螺杆。立撑须在完成上两层梁、板的施工后，且在本层后浇混凝土强度达到设计要求时方可拆除。

9.10　预制混凝土外挂墙板的安装

外挂墙板安装的操作步骤：

落实吊装前的准备工作→转接件的定位和安装→安装吊具→预制外挂板吊运及就位→预制外墙板安装→拼缝处理。

9.10.1　落实吊装前的准备工作

（1）按照吊装方案的要求，对相关人员进行技术、安全交底。

（2）对预埋件位置等进行复测，对存在的问题建设单位应与施工、监理、设计单位进行协调解决。主体结构及预埋件施工偏差应满足验收要求。

（3）外挂墙板及安装用的连接件、配套材料在进场前应进行检查验收，不合格的不得安装使用，经现场报验、复试合格后方可使用。

（4）根据实际情况，外挂墙板的安装可以使用塔式起重机、汽车式起重机、履带式起重机。在使用前，应检查起重机运行情况，确保正常运转。

（5）检查吊装架、吊索等吊具情况，确保安全可靠。

（6）准备牵引绳等辅助工具、材料。如需要水平牵引，应准备牵引葫芦等工具。

（7）如果接头是机械连接，需要准备螺栓、垫片、扳手等工具材料；如果是焊接连接，需要准备焊机、焊条等材料。

（8）按照施工流水计划，将预制构件和对应的楼面位置标出对应的吊装顺序号，顺序号应与图样上的标注相一致。

（9）测量同一立面的楼层墙体安装总长度，如总长有误差，将其均摊到每面墙的水平位置上并标出每一面墙的准确位置，但每面预制墙的水平位移误差须控制在±3 mm以内。

（10）外挂墙板在正式安装前，宜进行试安装并经验收合格后再进行正式安装。

9.10.2　转接件的定位和安装

根据水平标高找平基础后，安装外挂墙板的转接件，按照外墙完成面的位置确定转接件的安装位置，调整好标高水平位置后固定螺栓。连接件应经防腐处理，并满足设计使用年限要求。

9.10.3 安装吊具

起吊外挂墙板前，检查预制外挂墙板吊点预埋件的情况，符合要求后进行吊具安装，做好起吊准备。

9.10.4 预制外挂板吊运及就位

预制外挂墙板起吊时，吊环上的绳索要求等长并对称设置，起吊后保持水平，受力均匀，吊起预制外挂墙板距地面 50 cm 时略作停顿，检查钢丝绳、吊钩的受力等情况，确认无误后，再吊运至楼层作业面。

起吊至作业层上方 50 cm 左右时略作停顿，施工人员扶住构件，调整墙板位置，缓缓下降墙板。预制外挂墙板就位时，应做到外墙面顺直、墙身垂直、缝隙一致、企口缝不得错位，并保护外挂墙板的棱角和防水构造。

下口由专人对线定位，并用靠尺板找直。首层安装时应加强质量控制，使之成为其余各层的样板。

9.10.5 预制外挂墙板安装

外挂墙板就位后，将螺栓安装上，先不拧紧。根据定位控制线，调整外挂墙板的水平、垂直及标高状况，直到在允许偏差范围内，按设计要求紧固螺栓。并非所有螺栓都要拧紧，活动支座的螺栓拧紧后会影响节点的活动性，因此需按设计要求紧固螺栓。

9.10.6 拼缝处理

清理缝隙处的浮尘、浮浆后，在干燥状态进行拼缝处理。进行预制外挂墙板拼缝的防水施工时，应先嵌塞填充高分子材料，不得堵塞防水空腔，宽度应大于接缝宽度，填充应均匀、顺直、饱和、密实，表面光滑，不得有裂缝现象。完成后，自上往下连续均匀注入防水密封胶，密封胶的打胶厚度应满足设计要求。

第 10 章　装配式混凝土建筑外围护工程施工

装配式混凝土建筑外围护工程施工包括预制外墙、建筑幕墙、外门窗、屋面等方面的施工，本章主要介绍玻璃幕墙、外门窗、预制混凝土整体飘窗以及预制混凝土阳台板、空调板等的安装。

10.1　玻璃幕墙的安装

玻璃幕墙的安装方式除了点支式、全玻式的安装方式外，还有构件式和单元式。

装配式混凝土建筑应根据建筑物的使用要求和建筑构造合理选择玻璃幕墙的形式，宜采用单元式玻璃幕墙。安装玻璃幕墙前，安装玻璃幕墙的主体结构应经过验收并符合施工质量验收规范的要求。

10.1.1　单元式玻璃幕墙的吊装方式

单元板块吊装可采用单轨道系统或双轨道系统进行吊装。

(1) 单轨道系统

单轨道系统即单层环形轨道吊装系统，主要在建筑外围立面的起吊楼层的楼面设置悬挑工字钢梁，工字钢梁室内部分通过预埋件与楼层结构连接，悬挑端通过钢丝绳与上层预埋件拉结，形成牢固的悬挑结构。

在工字钢梁悬挑段的梁下安装工字钢作为水平移动轨道，在轨道上安装吊装用的电动葫芦，从而实现玻璃幕墙单元的垂直吊装和水平移动，完成玻璃幕墙单元的吊装工作。

(2) 双轨道系统

双轨道系统即双层环形轨道吊装系统，主要在建筑外围立面的起吊楼层的楼面设置较长的悬挑工字钢梁，工字钢梁室内部分通过预埋件与楼层结构连接，悬挑端通过钢丝绳与上层预埋件拉结，形成牢固的悬挑结构。

在工字钢梁悬挑段的梁下安装内、外两排工字钢作为水平移动轨道，在轨道上分别安装吊装用的电动葫芦。内排电动葫芦用于玻璃幕墙单元的垂直吊装和水平移动，完成玻璃幕墙单元的吊装工作；外排电动葫芦用于悬挂施工人员操作使用的吊篮，实现吊篮水平移动和垂直升降，起到移动人工室外操作平台的作用，吊装效率较高。

10.1.2 单元式玻璃幕墙的施工流程

单元式玻璃幕墙的施工流程：

施工准备→测量放线→预埋件的检查、处理→安装垫底横框→安装连接件→吊装幕墙单元→安装防雷装置→安装防火隔离层→幕墙的收口和封边→幕墙的淋水试验→幕墙清洗。

（1）施工准备

幕墙施工前，应编制专项施工方案，经审批合格后方可实施。

在主体结构施工时，应按设计要求将固定牛腿的T形槽预埋件埋在每层楼板（梁、柱）的边缘或墙面上。如施工时能保证预埋件位置的精度，可采用预埋铁件。在风荷载较大或地震区，预埋件应埋在楼板结构层面上，预埋件中心距结构边缘不应少于150 mm，如图10.1所示。

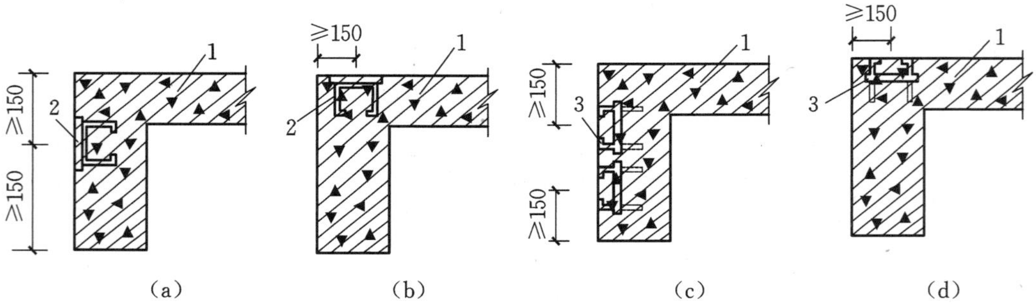

图10.1 单元式玻璃幕墙的预埋件方案图

(a)预埋铁件方案(一)；(b)预埋铁件方案(二)；

(c)预埋T形槽方案(一)；(d)预埋T形槽方案(二)

1—混凝土；2—预埋铁件；3—预埋T形槽

单元式玻璃幕墙的吊装机具在使用前应进行全面的质量、安全检验，并采取防止幕墙单元摆动的措施。

结合安装顺序，对玻璃幕墙单元进行编号。编号方式应统一，并与设计编号相对应。单元式玻璃幕墙的安装顺序是由下往上安装，同一楼层先安装子口单元，再安装母口单元。

（2）测量放线

幕墙施工单位与主体结构的施工单位做好平面和垂直控制网的移交，并对移交的控制网进行复测，完善幕墙安装所需的测量控制体系。复测工作应在结构沉降、变形趋于稳定后进行，室外控制网应建立在相对稳定的建筑物或标识上，且离幕墙结构较近，测量精度应符合测量放线的精度要求。

① 建立幕墙平面控制网。复测主体结构首层平面控制网，分段测设控制点；根据施工层的具体情况，测设各楼层的平面测控点，确定楼层平面的控制线，形成楼层平面的控制网。

② 建立幕墙立面控制网。对应楼层平面的控制网，通过结构的边、角或井道预留洞等，竖向测量、复核标高控制点，形成主体结构的立面控制网。

(3) 预埋件的检查、处理

预埋件的检查包括对预埋件位置的检查、预埋件周边混凝土施工质量的检查以及结构外边线偏差情况的检查，三项内容应同时开展，并做好原始数据的记录，为处理问题提供依据。

对照设计图，按顺序对预埋件逐个进行检查，记录每一个预埋件的编号、结构外边线的偏差与预埋件位置的偏差值及偏差方向，对超出规范允许范围的结构部位或预埋件位置进行标识，便于归纳处理。同时，检查预埋件周边混凝土施工质量的情况，如出现填充不饱满或不密实，或有孔洞现象，应记录具体情况(附上现场照片)，必要时对预埋件进行受力检测，对检测结论不符合的预埋件进行处理。如预埋件周边混凝土施工质量较差时，可直接进行处理。

施工单位对预埋件位置、预埋件周边混凝土施工质量以及结构外边线的超偏处理，应先会同建设、设计、监理等单位进行研讨，制定出可行方案后按方案实施处理。

(4) 安装垫底横框

用膨胀螺栓组件将垫底横框安装在核定位置上，垫底横框的安装误差(三维空间的误差)应满足安装验收要求。

(5) 安装连接件

对预埋件位置、预埋件周边混凝土施工质量以及结构外边线进行检查确认后，根据平面控制线及标高控制线进行连接件(牛腿铁件，其螺栓孔是可前后移动的长圆形孔)安装，将T形螺钉穿入预埋件的T形槽内(可左右调节位置)，旋转T形螺钉卡紧预埋件，安放牛腿铁件后，放垫片、装螺母，初步固定牛腿铁件后检查安装质量，主要控制三维空间的误差[高度调整可用(1～4)mm×40 mm×300 mm的镀锌钢板条垫在牛腿铁件与混凝土面之间进行调整]，调整到位后固定。牛腿铁件校位与幕墙安装应采用“四四法”，即校位八层牛腿铁件，安装四层幕墙，保留四层已校位牛腿铁件作为其他楼层牛腿铁件校位的基准。安装牛腿铁件后，安装带挂点的角钢，并调整至准确标高，具体情况见图10.2所示。

牛腿铁件与混凝土接触的部位应进行防腐处理，牛腿铁件安装的允许偏差应满足表10.1的要求。

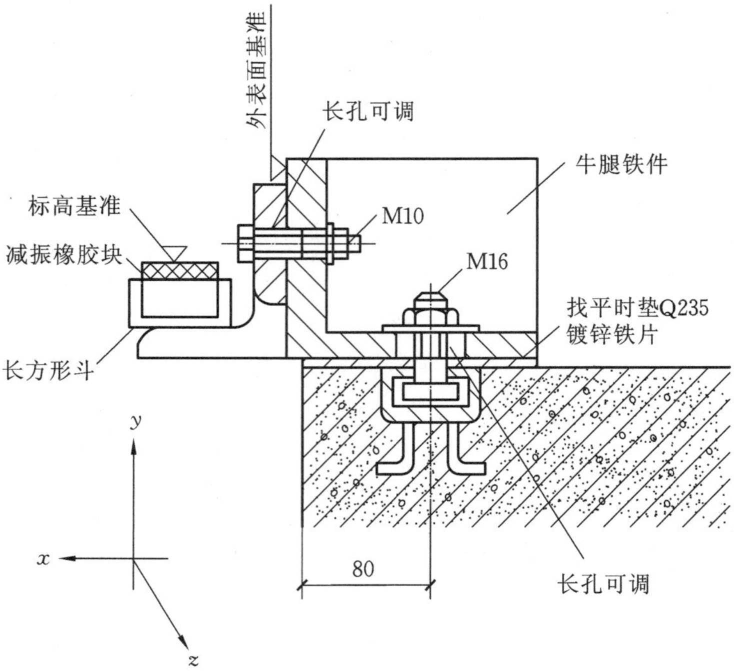

图 10.2　单元式玻璃幕墙的牛腿铁件连接大样图

表 10.1　牛腿铁件安装允许偏差

序号	项目	允许偏差(mm)	检查方法
1	标高	±1.0(可上下调节时±2.0)	水准仪
2	连接件两端点平行度	≤1.0	钢尺
3	距安装轴线水平距离	≤1.0	钢尺
4	垂直偏差(上、下两端点与垂线偏差)	±1.0	钢尺
5	两连接件连接点中心水平距离	±1.0	钢尺
6	两连接件上、下端对角线差	±1.0	钢尺
7	相邻三连接件(上下、左右)偏差	±1.0	钢尺

(6) 吊装幕墙单元

幕墙单元的吊点和挂点应符合设计要求,吊点应不少于 2 个。起吊幕墙单元时,应使各吊点均匀受力,起吊过程应保持幕墙单元平稳、不摆动、不撞击其他物体,保证装饰面不受磨损和挤压。幕墙单元就位时,将下端两块凹形轨道插入垫底横框或下层已安装好的幕墙单元上端的凸形轨道上,同时将幕墙单元挂到牛腿铁件侧的角钢挂点上,将幕墙单元往同层吊装起点方向移动至合适位置,或贴近结构构件,或将幕墙单元的母口插入同层已安装好的幕墙单元的子口,连接成整体。校位后,用两个六角螺栓通过牛腿孔穿入幕墙螺孔固定,螺栓中间垫上两块减振橡胶垫圈，具体情况如图10.3所示。

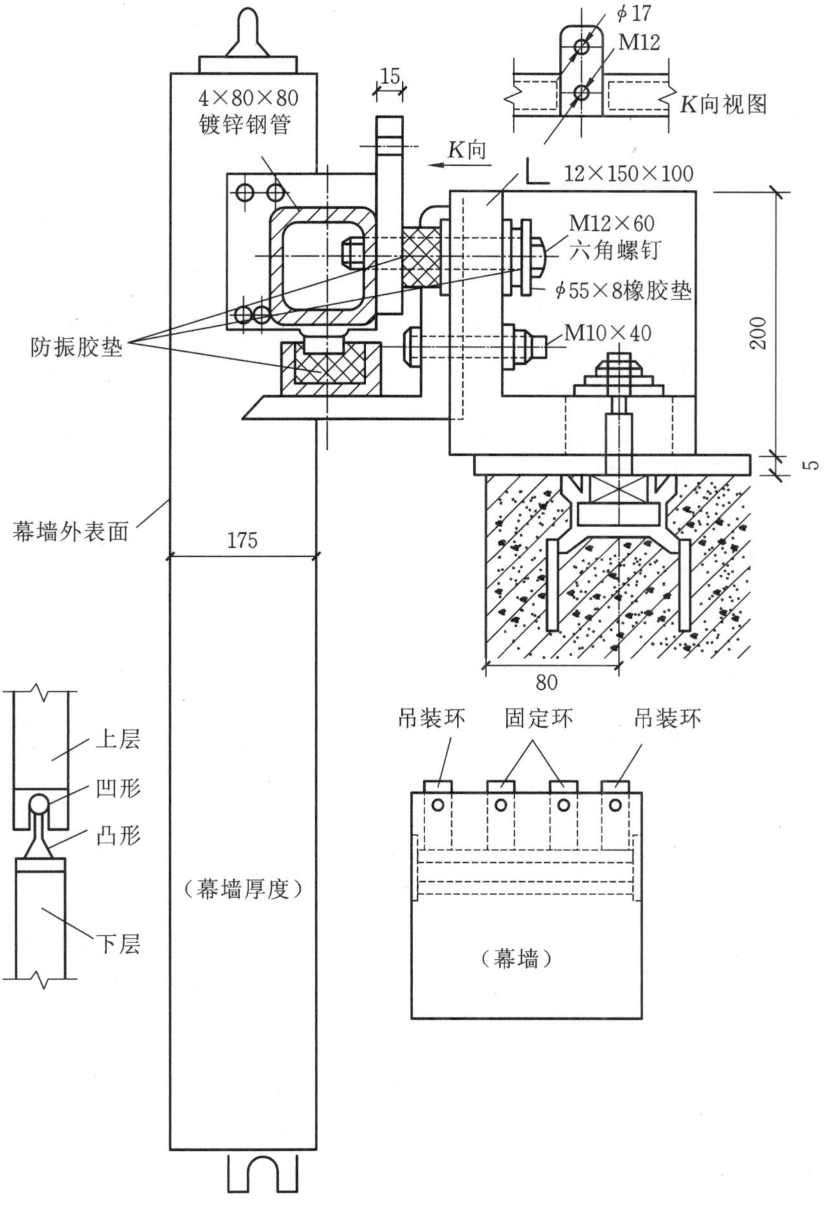

图10.3 单元式玻璃幕墙的安装大样图

幕墙单元校位、固定后的偏差应符合表10.2的要求。幕墙单元固定后方可拆除吊钩。幕墙单元固定后，在幕墙单元与幕墙单元的空隙间装上V形或W形橡胶带，在橡胶带两侧的圆形槽内，压入一条φ6圆胶棍，将橡胶带固定在铝框槽内。在水平和垂直接口处，用专用电热器将橡胶带热熔为一体。

表 10.2　幕墙单元安装允许偏差

序号	项目		允许偏差(mm)	检查方法
1	竖缝及墙面垂直度	幕墙高度(m)		激光经纬仪或经纬仪
		$H \leqslant 30$	$\leqslant 10$	
		$30 < H \leqslant 60$	$\leqslant 15$	
		$60 < H \leqslant 90$	$\leqslant 20$	
		$H > 90$	$\leqslant 25$	
2	幕墙平面度		$\leqslant 2.5$	2 m 靠尺、钢板尺
3	竖缝直线度		$\leqslant 2.5$	2 m 靠尺、钢板尺
4	横缝直线度		$\leqslant 2.5$	2 m 靠尺、钢板尺
5	缝宽度(与设计值比)		± 2	卡尺
6	耐候胶缝直线度	$L \leqslant 20$ m	1	钢尺
		20 m $< L \leqslant 60$ m	3	
		60 m $< L \leqslant 100$ m	6	
		$L > 100$ m	10	
7	两相邻面板之间接缝高低差		$\leqslant 1.0$	深度尺
8	同层单元组件标高	宽度不大于 35 m	$\leqslant 3.0$	激光经纬仪或经纬仪
		宽度大于 35 m	$\leqslant 5.0$	
9	相邻两组件面板表面高低差		$\leqslant 1.0$	深度尺
10	两组件对插件接缝搭接长度(与设计值比)		± 1.0	卡尺
11	两组件对插件距槽底距离(与设计值比)		± 1.0	卡尺

(7) 安装防雷装置

幕墙所有金属框架应互相连接,形成导电通路。幕墙金属框架与防雷装置的连接应紧密可靠,采用焊接或机械连接,形成导电通路。连接点水平间距不应大于防雷引下线的间距,垂直间距不应大于均压环的间距。女儿墙压顶罩板宜与女儿墙部位幕墙构架连接,女儿墙部位幕墙构架与防雷装置的连接节点宜明露,其连接应符合设计规定。

(8) 安装防火隔离层

幕墙内表面与建筑物梁柱间的间隙应按防火要求进行收口处理,可在间隙下封 0.8 mm 厚镀锌钢板,在幕墙后面粘贴黑色非燃织品,用轻质防火材料充塞严实,在间隙上封铝合金装饰板。施工时,使轻质耐火材料与幕墙内侧锡箔纸接触严密,无间隙,无松动,才能达到防火和保温要求。

(9) 幕墙的收口和封边

两相邻幕墙单元安装完成后,幕墙单元交界处应灌注密封胶,进行幕墙的收口和封边。

(10) 幕墙的淋水试验

每完成一层幕墙单元的安装，都应进行排水槽防漏水测试，玻璃幕墙宜每三层进行一次现场淋水试验，以保证幕墙的防水功能。

(11) 幕墙清洗

完成幕墙单元的整体安装后，应进行一次室内、室外的全面清洗，清洗干净后再验收。

10.2 装配式混凝土建筑外门窗及整体飘窗的安装

10.2.1 装配式混凝土建筑外门窗安装

装配式混凝土建筑外门窗的安装有三种情况：

(1) 外门窗框在窗框周边的混凝土预制构件制作时预埋，门窗带玻璃。该类情况，既要保护窗框又要保护玻璃，安装过程要加强成品保护，特别是对玻璃进行保护，增加了施工的难度。

(2) 外门窗框在窗框周边的混凝土预制构件制作时预埋，门窗不带玻璃。该类情况，需要保护好窗框，但窗框与周边混凝土预制构件的结合较好，在装配式混凝土建筑中较常用，预制混凝土整体飘窗属于此类。

(3) 只在窗口预留安装件，外门窗(包括窗框)在主体结构施工后安装。

10.2.2 预制混凝土整体飘窗安装

预制混凝土整体飘窗安装与实心剪力墙预制构件安装的工艺基本相同，但由于飘窗外侧有向外凸出部分，增加了施工难度，因此，在安装过程中需要掌握以下要点：

(1) 加强窗框的保护

预制混凝土整体飘窗在出厂时，通常已装上窗框，并附上塑料保护套进行保护，因此，在运输及吊装过程中，应加强成品保护(特别是加强对窗框的保护)。

(2) 立放飘窗须支撑

预制混凝土整体飘窗可平放，也可立放。立放时，须在凸出面下侧安装支撑，同时在内侧安装斜撑，以确保飘窗稳定。

(3) 吊装飘窗应垂直

起吊预制飘窗应采用专用吊装梁，用卸扣将钢丝绳与飘窗上的预埋吊环牢固连接，采用四点起吊，起吊飘窗应保证飘窗的垂直，可通过手动导链辅助调节，找准飘窗的重心平衡位置，起吊时应通过长短钢丝绳控制吊装，不应由导链直接代替钢丝绳。主钢丝绳与吊装梁的水平夹角不宜小于60°，吊装时注意成品保护，以免碰到飘窗边角，造成损坏。

10.3　预制混凝土阳台板、空调板的安装

预制混凝土阳台板、空调板是悬挑构件，属叠合板类构件，安装前须编制临时支撑的专项方案，保证安装时临时支撑安全可靠。支撑宜采用承插式、碗扣式脚手架进行架设，支撑部位须与结构墙体有可靠刚性拉接节点，支撑应设置斜撑等构造措施，保证架体整体稳定。施工时，预制阳台板、空调板外侧须有安全可靠的临边防护措施，确保预制阳台板、空调板上部施工人员操作安全。

预制混凝土阳台、空调板进场时，需复核构件尺寸及加强外观检查，避免因为构件尺寸或外观质量问题影响后期成型效果。不符合要求时，应返厂处理。

吊装作业前，施工管理及操作人员应熟悉施工图纸，核对构件编号，确认安装位置，并标注吊装顺序。同时检查吊具、吊索情况，确认安全、无误后进行吊装作业。

吊装预制混凝土阳台时，宜使用专用型框式吊装梁进行吊装(采用四点吊装)，用卸扣将钢丝绳与预制构件上的预埋吊环连接，并确认连接紧固，吊索与吊装梁的水平夹角不宜小于60°。吊装预制空调板时，可采用吊索直接吊装空调板构件，吊索与预制空调板的水平夹角不宜小于60°。吊装时应注意加强成品保护，避免构件的边角被撞。

预制混凝土阳台板、空调板等预制构件初步安装就位后，用线锤检查是否与下层阳台位置一致，并检查伸进支座的长度，符合要求后固定位置，必要时与现浇部位的梁板构件进行焊接拉接。阳台板、空调板固定后，方可拆除吊具。

进行钢筋连接、安装，经隐蔽验收后，在浇筑预制混凝土阳台板、空调板的现浇混凝土时，阳台板、空调板的施工荷载不得超过1.5 kN/m^2。

拆除阳台板、空调板等悬挑构件的支撑时，后浇混凝土强度应达到设计要求，同时应确保该构件能承受上层阳台、空调板通过支撑传递下来的荷载。

第11章　装配式混凝土建筑设备及管线工程施工

装配式混凝土建筑的设备和管线设计应与建筑设计同步进行，与主体结构相分离，方便维修更换，且不影响主体结构安全。如需预留预埋，应满足结构专业相关要求，不得在安装完成后的预制构件上剔凿沟槽、打孔开洞等。

当设备和管线竖向穿越预制构件或暗敷于预制构件时，需在预制构件中预留沟、槽、孔洞或者套管，并采取防水、防火、隔声、密封等措施；当设备和管线水平布置时，宜布置在架空层或吊顶内；当受条件限制必须暗埋时，宜敷设在现浇层或建筑垫层内；如无现浇层且建筑垫层又不满足管线暗埋要求时，需在预制构件中预留相应的套管和接线盒。

公共管线、阀门、检修口、计量仪表、电表箱、配电箱、智能化配线箱等，应统一集中设置在公共区域，住宅的设备与管线设计应户界分明，并注意套内管线的综合布置。

装配式混凝土建筑的设备与管线设计宜采用建筑信息模型(BIM)技术，并进行碰撞检查，解决设备与管线的布置不合理等问题。

11.1　给水排水工程的设计

11.1.1　装配式混凝土建筑给水系统设计

装配式混凝土建筑的给水系统设计应符合下列规定：

(1) 给水系统配水管线与部品的接口形式及位置应便于检修更换，并应采取措施避免结构或温度变形对给水管线接口产生影响；

(2) 给水分水器与用水器具的管线接口应一对一连接，在架空层或吊顶内敷设时，中间不得有连接配件，分水器设置位置应便于检修，并宜有排水措施；

(3) 宜采用装配式的管线及其配件连接；

(4) 敷设在吊顶或楼地面架空层的给水管线应有防腐蚀、隔声减噪和防结露等措施。

11.1.2　装配式混凝土建筑排水系统设计

装配式混凝土建筑的排水系统宜采用同层排水技术，同层排水管线敷设在架空层时，宜采取积水排出措施。

11.1.3 装配式混凝土建筑给排水系统深化设计

装配式混凝土建筑的给排水系统设计和施工，最重要的工作是将施工阶段的问题提前至设计阶段解决。将与现浇混凝土建筑相匹配的设计模式(设计→现场施工→提出更改→设计变更→现场施工)转变为与装配式混凝土建筑相匹配的新型模式(设计→工厂加工→现场施工)，通过三维深化设计后，实现管线的优化布置，避免管线交叉碰撞，并在工厂内实现部分预制。

深化设计应符合下列要求：

(1) 小管径管线避让大管径管线。先布置管径大的管线，后布置管径小的管线。

(2) 压力管线避让重力管线。由于重力管线是依靠重力进行流体输送的，因此当压力管线与重力管线的布置发生冲突时，应优先满足重力管线的设计要求。

(3) 冷水管线避让热水管线。由于热水管线需要进行保温层施工，因此需优先布置热水管线。

(4) 宜分开布置电缆桥架和流体管线，当条件不允许分开布置时，应将电缆桥架布置在流体管线的上方，以免流体管线发生渗漏时损坏电线电缆，同时电缆应采取设套管等保护措施进行敷设。

(5) 管路附件少的管线应避让管路附件多的管线，这样有利于施工操作和管线附件的维护、维修。

(6) 曲线型管线应避让直线型管线。

11.2 给水排水工程的安装

11.2.1 工厂核对样板

结合预制构件的特点，预留孔洞、预埋套管、预埋管件、预埋支吊架金属件等均需在工厂加工完毕。经过 BIM 深化设计后，可实现部分管线和支吊架在工厂制作、安装。在工厂预制时，由施工、监理单位的技术管理人员对现场情况进行核对，对预制管段的尺寸进行实际测量并复核连接情况，保证管段预制尺寸符合深化设计要求并满足工地现场连接要求。必要时先制作样板，确认无误后再开始正常生产。

11.2.2　进场检验

相关预制构件及其他材料进场时，除了对构件或材料的品种、规格、外观等进行检查外，还应对预留孔洞、预埋套管、预埋管件、预埋支吊架金属件、管线和支吊架等进行检查，并经监理工程师核查确认后，在场内分类放置，并采取有效措施防止损坏或腐蚀。

11.2.3　现场安装

管线安装一般按照预制加工→干管安装→立管安装→支管安装的顺序进行。采用工厂预制和现场安装相结合的方式，可以发挥工厂预制的优势，提高安装的精度。现场安装时，应做好与已安装管线的对接，重点是解决接头的连接问题，同时充分利用预埋件进行安装，不对建筑结构造成损害。具体的安装操作按照相关的施工及验收规范进行。

安装完成后，须进行相关的试验与检验：

(1) 给水管线

根据《建筑给水排水采暖工程施工质量验收规范》(GB 50242—2018)的相关要求进行水压试验，试压达标后对管线进行冲洗，生活给水管线还需进行消毒，水质经检验符合标准后方可使用。

(2) 消防管线

根据相关施工验收规范要求进行冲洗、强度试验和严密性试验。

(3) 排水管线

隐蔽或埋地的排水管线在隐蔽前必须做闭水试验，检查管线安装的严密性。排水主立管及水平干管在完成灌水试验后，需做通球试验，通球球径不小于排水管线管径的2/3，通球率必须达到100%。

11.3　通风、空调及燃气工程的设计

装配式混凝土建筑应采用适宜的节能技术，维持良好的热舒适性，降低建筑能耗，减少环境污染，并充分利用自然通风。装配式混凝土建筑的暖通空调、防排烟设备及管线系统应协同设计，并应可靠连接。当墙板或楼板上安装供暖与空调设备时，其连接处应采取加强措施。装配式混凝土建筑的通风、供暖和空调等设备均应选用能效比高的节能型产品，以降低能耗。

装配式混凝土建筑的室内通风设计应符合国家现行标准《民用建筑供暖通风与空气调节设计规范》(GB 50736—2012)和《建筑通风效果测试与评价标准》(JGJ/T 309—2013)的有关规定。装配式混凝土建筑的燃气系统设计应符合现行国家标准《城镇燃气设计规范》

(GB 50028—2006)的有关规定。

装配式混凝土建筑各专业的设计应统一。装配式混凝土建筑中通风、空调的管线穿墙、穿梁的预留套管,以及设置于墙上的通风百叶等附件的形式及规格应符合相关现行标准,并按BIM深化设计图纸中的定位、标高融合到建筑、结构专业的图纸中,在预制构件制作时完成相应配套的加工,形成专业配套的完整产品。

11.3.1 通风设计

(1) 厨房或集成式厨房的通风及其接口

厨房的排油烟通风设计与传统的设计一样,在厨房的风道上预留接口,按选定的油烟机的型号固定预埋件的位置、数量,与建筑、结构师进行协同设计,并落实到构件制作上。

集成式厨房的通风及其接口与构件一同设计,在工厂提前设置好,在顶棚内预留接口,接口的大小与部品接口相匹配。

(2) 卫生间或集成式卫生间通风

多层建筑的卫生间通风是直接排到室外,在各层的外墙上留置套管,规格与选定的排风扇相匹配,外接风帽罩。高层建筑的卫生间有的设计采用专用排风井,各层都留有接口。集成式卫生间的通风接口与构件一同设计,在工厂提前设置好,接口的大小与选定的部品相匹配。集成式卫生间设置干燥器(暖风机)时,需要在结构上预留吊装设备的预埋件和专用的电气线路及接口。

11.3.2 空调设计

空调设计时,应优先选用冷暖两用的空调,满足不同季节的使用要求。

(1) 中央空调设计。中央空调的设计与传统的设计相同,配备新风机(或新风换气机)、空调机组、风机盘管、风管、水管(冷媒管)等。装配式建筑需要在预制梁、预制墙板、预制楼板等构件设计时根据选定空调机型布置预埋套管、预埋件、预埋螺母等,便于后期安装。

(2) 分体式空调设计。内机布置与传统的布置相同,一般挂在内隔墙上,根据建筑设计布置内机,需在墙上埋设固定件。

装配式建筑的通风、空调及燃气工程的卫生间排气扇、厨房排油烟机、燃气热水器排烟道、分体空调、新风系统设备及风管、加压送风设备及风管等在暖通专业设计时应与建筑、结构专业配合,并应注意以下几方面:

① 装配式居住建筑的起居室、卧室的外墙应预埋空调器冷媒管和凝结水管的穿墙套管,并根据分体空调室外机安装的具体位置,确定冷媒管、凝结水管穿墙位置、标高、尺寸。穿墙套管应设置向室外倾斜的坡度,避免雨水通过穿墙套管进入室内。

② 厨房排油烟管线、燃气热水器排烟道的安装位置、标高、尺寸应根据空间布置的具体情况确定,符合适用、美观等要求。

(3) 确定卫生间排气扇在外墙的位置时，需注意卫生间外窗与梁之间的空间或墙耳位置是否满足预留孔洞的要求。

(4) 装配式居住建筑设置户内中央空调系统或机械通风系统时，宜在结构梁上预留穿越管线的孔洞。

11.4　通风、空调及燃气工程的安装

11.4.1　厨房油烟机安装

将预先选定好型号的油烟机挂板对照预留位置用自攻螺丝固定好，把油烟机挂在挂板上，确保油烟机平稳，工作时无晃动。

安装排烟管，先将一端固定在油烟机上，另一端固定在吊顶上，并连接到带止逆阀的排烟道接口上。

安装接油杯或接油槽后，将电插头插到插座上，一切就位后调试油烟机的工作状态。

11.4.2　卫生间排气扇安装

排气扇安装前应检查风机是否完好无损，叶轮转动是否正常，各紧固螺栓是否松动或脱落，确认无误后开始安装。

排气扇安装应平稳，不应有倾斜现象，安装完成后，应检查排气扇与周边的密封情况，如有空隙，用玻璃胶密封。

11.4.3　中央空调安装

中央空调应结合装配式建筑的预留位置进行安装。

(1) 对空调的器材进行验收，经过验收后才开始施工。

(2) 吊装室内机。室内机应水平安装，确保排水顺畅，水盘无积水。吊装后，及时用塑料膜等材料包裹室内机，以防灰尘入侵。

(3) 冷媒管加工。冷媒管按照实际需要的长度切割后，焊接时应进行胀管(胀接加端面焊有先胀后焊和先焊后胀两种：先胀后焊用于压力较高、管板较厚的场合；先焊后胀用于压力较低、钢板较薄的场合)，以确保质量，防止冷媒泄漏。铜管焊接时，为避免产生氧化物，焊接时应做氮气置换，并让铜管自然冷却。

(4) 铺设冷媒管、排水管。冷媒管每隔 1.2～1.5 m 须设置一个固定卡，确保牢固；排水管需保持不少于 1/100 的坡度，并每隔 0.8～1 m 设置一个固定卡，确保排水顺畅。

(5) 安装室外机。排风口应无障碍，保证使用时空气流畅，防止回风短路。同时，应留出足够的维修空间。

(6) 充氮保压、真空干燥。在填充冷媒之前，应检查系统，确保无泄漏。同时，除去空气和水分，保证系统正常运转。

(7) 填充冷媒。填充冷媒时，应采用冷媒充填计算器计量，确保冷媒填充适量。

(8) 调试。投入使用前，应进行调试，观测空调的送回风温度、运行电压等各项指标的运行情况，确保正常使用。

11.4.4 燃气热水器的安装

(1) 燃气热水器应结合装配式建筑的预留位置进行安装。

(2) 在装配式建筑的预留位置装上螺丝，挂上燃气热水器。

(3) 选择合适的水管，把预留的冷水管和热水器的进水口连接起来（一般在左侧）；然后将热水器的出水口与热水管连接起来；用排水软管接上热水器的冷凝水排出口，将冷凝水引至排水口。

(4) 安装排烟管线。

(5) 连接燃气管线。燃气管线与燃气热水器的连接须用燃气专用管材，连接处的空隙不得使用麻丝填塞，须使用生料带缠绕密实，外用卡箍箍紧。燃气管线安装后，打开燃气阀门，用肥皂液检查连接部位有无漏气。如有漏气，关上阀门维修或更换密封件，直至无泄漏为止。

(6) 接上电源。燃气热水器的电源使用 220 V 交流电，接地导线需可靠连接，以保障使用安全。

(7) 试运行。打开进水阀及燃气阀，接通电源，打开热水淋浴器（如是冷热水淋浴器，则转至热水侧打开，常规是左热右冷），调节热水器的水温控制，选择合适的温度。

11.5 电气、智能化工程的设计

国家标准《装配式混凝土建筑技术标准》(GB/T 51231—2016)关于电气和智能化设备与管线设置及安装的要求有五个方面：

(1) 电气和智能化系统的竖向主干线应在公共区域的电气竖井内设置；

(2) 配电箱、智能化配线箱不宜安装在预制构件上；

(3) 当大型灯具、桥架、母线、配电设备等安装在预制构件上时，应采用预留预埋件固定；

(4) 设置在预制构件上的接线盒、连接管等应做预留，出线口和接线盒应准确定位；

(5) 不应在预制构件受力部位和节点连接区域设置孔洞及接线盒，隔墙两侧的电气和智能化设备不应直接连通设置。

11.5.1　非管线分离设计

在未实行管线分离的情况下，预制墙板内埋设的电气管线与叠合楼板现浇层中敷设的电气管线的连接须通过预留孔进行连接，在交接处预留 100 mm×150 mm 左右的孔洞进行管线连接。

单元内水平布置的电气管线一般敷设在叠合楼板的现浇层中，悬挂灯具、电气设备（如吸顶式空调机）的接口一般在顶面上埋设，包括接线盒和固定用的埋件。

单元内竖向布置的电气管线一般敷设在预制墙板内，电气开关、插座、接线盒等均应在预制墙板内预留预埋，但须避开结构构件的连接区域，且不埋设在外墙构件（包括剪力墙等）上，防止渗水、漏水。

配电箱和智能化配线箱不埋设在预制构件内，也不埋设在边缘构件的现浇混凝土中，应埋设在内隔墙或边缘区域以外的现浇混凝土中。

11.5.2　管线分离设计

管线分离是主体结构构件、内装修部品和设备管线三部分采用装配化集成技术，实现室内装修、设备管线与主体结构的分离。

为了实现单元内电气管线分离，顶板需设吊顶，隔墙需设夹层。将管线敷设在吊顶上或墙体夹层里。

在实行管线分离的情况下，叠合楼板需预埋吊挂管线的埋件，墙体管线应敷设在隔墙的中空区域。

集成式厨房、集成式卫生间的电气接口设计，一般在墙面上埋设接线盒及安装用的埋件，在顶板上埋设安装用的埋件（包括安装接线盒的埋件）。

墙板内或顶板上埋设的管线、插座、开关、接线盒、安装用的埋件等必须准确设计到构件制作图中，并与建筑图、结构图表达一致。

协同设计时，各专业需提供固定管线和设备（包括电源线、电信线、暖气管线、空调管线、通风管线、给水管线等）的预埋件位置、支承重量以及设备尺寸等，由建筑师统一布置，由结构工程师设计预埋件或内埋式螺母。结构工程师须确定预埋件或预埋螺母的材质、规格与埋置构造。预埋件的位置不能紧贴钢筋。所有设计需体现在拆分后的预制楼板图上。预埋螺母的材质分为金属类和塑料类，结合用途进行选用：固定轻质物件时（如电源线等）可采用预埋塑料螺母；如悬挂较重物件时，宜预埋金属螺母或金属长螺母。对于内埋式金属螺母，必要时在使用前应进行抗拉强度试验。

对于楼板上不同专业的管线，为日后检修时方便辨识，宜采用颜色或标记来区分。

11.5.3 管线横穿结构梁、墙的设计

在装配式建筑中，横穿结构梁、墙的管线包括电源线、电信线、给水管线、暖气管线、燃气管线、通风管线、空调管线等。在管线横穿的结构梁、墙上应设计预留孔洞或套管，须标明位置、孔洞或管径的大小、套管材质、防火隔声的封堵构造等，并落实到建筑图、结构图中，且细化到钢筋的布置上，避免预留孔洞或套管与钢筋发生碰撞。

11.6 电气、智能化工程的安装

11.6.1 预埋件、线管等的埋设施工

由于装配式建筑禁止在预制构件上开槽、凿洞，因此，电气、智能化工程的安装需要在预制构件时核对好、安装好预埋件、预埋制盒、套管、线管等，避免遗漏。

(1) 施工前，施工、监理单位应按实际施工、操作情况核对设计图，避免因设计遗漏而影响后续施工。

(2) 在施工时，应考虑各类线盒的埋设位置及埋设方向，须与设计图样一致。同时，应确定预留的操作孔的位置及尺寸，便于操作。

(3) 电气工程分为强电及弱电，在浇筑预制构件的混凝土前，按照已经确认的设计文件核对管线参数、预埋套管及预留孔洞的尺寸、位置等内容，合格后方可浇筑混凝土。

(4) 在浇筑混凝土前，应采取临时措施封堵各线管的出入口。在浇筑混凝土时，应加强对各线管出入口的保护，避免混凝土漏入各线管内部，造成线管堵塞。

(5) 隐蔽在装饰墙体内的管线应安装牢固可靠，安装管线部位的装饰结构应采取措施，方便打开，对管线进行更换、维修(例如安装可自动卡紧的装饰门，经按压后即可打开)。

11.6.2 管线的安装

(1) 在管线安装前，应制定各种管线的详细安装方案，充分考虑每条管线在安装过程中涉及的情况，严禁各个施工班组不遵从安排、不分先后、随意安装本专业的管线，导致安装过程互相干扰，影响安装质量，或给后面的管线安装带来困难、影响施工效率。

(2) 管线穿越楼板、结构梁、墙时应在预留孔洞中通过，安装前，技术人员应对照图纸对各个预留孔做好标记，避免穿错孔而影响安装质量及其他管线的安装。

(3) 固定管线时应通过预埋的塑料螺母、金属螺母或预埋件等进行固定，严禁在预制构件上凿洞、后锚固螺栓或者植筋。安装前，技术人员应对照图纸将各类管线的安装路径标识

清楚，避免安装的管线偏位而影响安装质量及其他管线的安装。

(4) 管线安装时，应对照图纸核对安装路径及要穿越的预留孔洞，确认无误后再安装。每安装完一段管线，应对照图纸核对安装情况，避免出错后影响后续施工。

(5) 装配式建筑的管线穿越预制构件处，一般有防水、防火或隔声等构造要求，在施工过程中应按照图纸要求对管线与预留孔洞间的空隙进行封堵，避免遗漏。

第12章　装配式混凝土建筑内装系统工程施工

国家标准《装配式混凝土建筑技术标准》(GB/T 51231—2016)规定：装配式混凝土建筑应在建筑设计阶段对轻质隔墙系统、吊顶系统、楼地面系统、墙面系统、集成式厨房、集成式卫生间等进行部品设计选型。因此，在装配式建筑中，内装系统的设计被纳入建筑设计的整体设计系统中，与建筑、结构、设备管线等专业的设计协同并同步进行，内装设计由分散化变为集约化。同时，内装工程的许多现场作业转移到工厂生产，提高了产品的质量。

12.1　轻质隔墙系统的设计与安装

12.1.1　轻质隔墙系统的设计

轻质隔墙系统的设计宜结合室内管线的敷设进行构造设计，避免管线安装和维修更换对墙体造成破坏，并在吊挂空调、画框等部位设置加强板或采取其他可靠的加固措施，同时，应满足不同功能房间的隔声要求。

(1) 轻质隔墙的选型

轻质隔墙的类型包括轻钢龙骨石膏板墙、木龙骨石膏板墙、轻质混凝土空心墙板、蒸压加气混凝土墙板(ALC)等。

轻质隔墙应根据隔墙所在的位置以及所起的作用进行选型：凹入式阳台、走廊、楼梯的间隔墙可采用轻质混凝土空心墙板和蒸压加气混凝土墙板(ALC)；分户隔墙需要有较好的安全性能、防火性能、保温性能和隔声效果，需要采用双层轻质混凝土空心板；户内隔墙可采用轻钢龙骨石膏板墙、木龙骨石膏板墙、轻质混凝土空心板、木质人造板、纤维增强硅酸钙板、纤维增强水泥板等，目前采用较多的是轻质混凝土空心板；卫生间隔墙可采用轻质混凝土空心板和蒸压加气混凝土墙板(ALC)，常用的是轻质混凝土空心板。

(2) 预制内墙板的连接

预制内墙板位于有防水要求的房间(如卫生间等)时，应设置混凝土反槛，在反槛上连接。如采用整体卫浴时不设置反槛。不设置反槛时，在楼板面上连接。墙板底部与结构留缝不应大于30 mm，也不宜过小。预制内墙板起步端、顶端可采用L形钢板卡通过预埋的内膨胀螺栓与结构梁(板)固定。

预制内墙板间的横向连接可通过板中的竖向凹凸槽进行一字形对接连接，转角位置可使用 T 形板或 L 形板与一字形板对接连接(烟道等小尺寸的板除外),接缝位两侧分别先贴 50 mm 宽的嵌缝带(板缝每侧 25 mm 宽),用黏结剂抹平后,再贴 100 mm 宽的嵌缝带(板缝每侧 50 mm 宽),用黏结剂抹平,待精装修时再进行面层施工。预制内墙板与剪力墙或结构柱连接时,在缝中注发泡剂,两侧分别注嵌缝剂,再贴 100 mm 宽的耐碱玻纤网格布(板缝每侧 50 mm 宽),待精装修时再进行面层施工。

(3) 预制内墙板的布置

隔墙无门洞时,预制内墙板从一端往另一端布置,先采用标准尺寸的预制内墙板,最后一块采用按实际尺寸制作的补板。有门洞时,门洞上面采用结构下挂板,预制内墙板从门洞往两侧布置,先采用标准尺寸的预制内墙板,最后一块采用按实际尺寸制作的补板。当一侧尺寸较少时,采用两块补板,每块板的宽度应不少于 300 mm。

预制内墙板的布置顺序及板的编号等均应在平面布置图或立面图中有反映,平面布置图或立面图应同时明确电箱、插座、线管、连接钢板卡、混凝土反槛等的具体位置。开关插座的位置不应布置在条板的接缝处,当设计位置位于接缝处时,应协商调整开关、插座的位置。使用两联或三联开关时,预埋开关盒的宽度不应超过 1/2 的板宽。

12.1.2　轻质隔墙系统的安装

轻质隔墙包括板材式隔墙、骨架式隔墙、活动式隔墙、玻璃隔墙、石膏砌块隔墙等隔墙,板材式隔墙包括加气混凝土板隔墙、增强石膏条板隔墙、增强水泥条板隔墙、轻质陶粒混凝土条板隔墙、预制混凝土板隔墙、GRC 空心混凝土板隔墙等隔墙。本节主要介绍加气混凝土条板隔墙,其他类型的预制内墙板可参照此工艺及相关规范实施。

加气混凝土条板隔墙的安装步骤:施工准备→测量放线→安装墙板→缝隙处理。

(1) 施工准备

在制作加气混凝土条板前应完成深化设计,深化设计文件应经原设计单位、建设单位认可。

按项目的施工进度计划合理安排材料、机具、人员进场施工,按施工图纸和技术规程的要求对相关的管理人员及作业人员进行技术交底及安全交底。

检查作业面情况,隔墙上下基层应平整、牢固。

(2) 测量放线

通过轴线定位,沿地面、剪力墙或柱子、顶板弹出隔墙的中心线及宽度线,宽度应与隔墙厚度一致,有门洞的,应弹出门洞的位置线,弹线应清晰,位置应准确。

(3) 安装墙板

隔墙无门洞时,加气混凝土条板从整板的一端往另一端安装;有门洞时,应先安装门洞上的结构下挂板,再从门洞往两侧安装。

加气混凝土条板的上下口应与安装线相吻合,起步端、顶端采用 L 形钢板卡通过预埋的内膨胀螺栓与结构梁(板)固定,连接件的间距应符合相关规范要求。隔墙高度超过 4 m

时应增设钢龙骨，隔墙所用的金属配件应做防腐处理。

固定加气混凝土条板后，按设计要求安装机电管线，线盒安装完成后应与板面平齐。有穿墙管线时，应在穿墙处增设钢架与顶板连接加固。如有箱体、柜体等需做嵌墙安装时，应先安装独立钢架或支撑，再进行墙体安装。

(4) 缝隙处理

加气混凝土条板安装牢固后，板底和板顶间隙应采用专用水泥砂浆填塞密实。加气混凝土条板间的竖向接缝的处理：在板缝的正、背面分别贴上 50 mm 宽的嵌缝带(板缝每侧 25 mm 宽)，用黏结剂抹平后，再贴 100 mm 宽的嵌缝带(板缝每侧 50 mm 宽)，用黏结剂抹平，待精装修时再进行面层施工。加气混凝土条板与剪力墙或结构柱连接时，用厚度合适的直边板配合，在缝的一侧顶住，在另一侧往缝中注发泡剂，发泡剂硬化后，两侧分别注入嵌缝剂，表面与板面同平。嵌缝剂凝固后，再贴 100 mm 宽的耐碱玻纤网格布(板缝每侧50 mm 宽)，待精装修时再进行面层施工。

12.2 吊顶系统的设计与安装

12.2.1 吊顶系统的设计

吊顶系统设计应满足室内净高的需求，并应在吊顶内设备管线集中部位设置检修口。

(1) 吊顶系统的类型

吊顶系统的龙骨可分为轻钢龙骨、铝合金龙骨、木龙骨等。

吊顶系统的面板可分为石膏板、矿棉板、木质人造板、纤维增强硅酸钙板、纤维增强水泥板、塑料扣板、铝合金扣板等，吊顶系统的面板须符合环保、消防方面的要求。

吊顶系统的板面造型可分为井格型与凹凸型。

住宅建筑普遍采用吊顶，用得最多的是轻钢龙骨石膏板吊顶和木龙骨石膏板吊顶。

(2) 吊顶的设计

当采用管线分离设计时，为了能够敷设管线，须采用全吊顶。当不采用管线分离设计时，可以做局部吊顶。吊顶设计时应尽可能小的降低室内净高，吊顶高度一般控制在 15 cm 左右。

宜在楼板(梁)内预先设置管线、吊杆安装所需的预埋件。当吊杆与设备相遇时，应调整并增设吊杆。

饰面板上的灯具、烟感器、喷淋头、风口等设备的位置布置应合理、美观，与饰面板的交接应吻合。

12.2.2　吊顶系统的安装

本节主要介绍铝合金扣板的安装，其他类型的吊顶可参照此工艺及相关规范实施。

铝合金扣板的安装步骤：施工准备→测量放线→吊杆挂件安装→边龙骨安装→安装主次龙骨并调平→饰面板安装→安装灯具、风口等。

(1) 施工准备

按项目的施工进度计划合理安排材料、机具、人员进场施工，并按施工图纸和技术规程的要求对相关的管理人员及作业人员进行技术交底及安全交底。

(2) 测量放线

根据楼层标高水平线，按设计标高沿墙四周弹出天花板底标高的水平线，找出房间中心点，结合预埋件的位置，沿天花板底标高的水平线在墙上标出龙骨分布的位置线。

(3) 吊杆挂件安装

用螺栓将吊杆固定在顶棚预埋件的位置上。吊杆应选用全丝吊杆，间距不超过1200 mm，不与机电管线等共用吊杆，不得固定在管线或其他设备上。

(4) 边龙骨安装

按照在墙四周弹出的天花板底标高的水平线进行定位控制，在墙四周的预埋膨胀管位用螺栓固定 25 mm×25 mm 烤漆边龙骨，固定点间距不大于 300 mm。

(5) 安装主次龙骨并调平

按设计要求，采用主龙骨吊挂件，将主龙骨连接到吊杆上并粗调平。安装完主龙骨后，开始安装次龙骨，次龙骨的位置应对应设计的板缝位，从中间往两边标出次龙骨的位置，将房间实际尺寸与设计尺寸的误差通过边龙骨来“消化”。先安装主龙骨两端的次龙骨，并进行调平(须按房间短跨 1%～3%起拱)。安装次龙骨(配套的三角龙骨)时，应根据板材规格尺寸及设计的分缝定位要求进行安装，通过三角吊挂件将次龙骨吊挂在主龙骨上。如三角龙骨长度需延续接长，在连接件吊挂三角龙骨的端部时，将三角龙骨的两端头相对接后同时与连接件连接，调直后固定。铺设的管线、线路等不得安装在龙骨上。

(6) 饰面板安装

按设计要求，在垂直次龙骨方向的中间板缝位置设置基准线，沿基准线向两侧安装饰面板(铝合金扣板)，将房间实际尺寸与设计尺寸的误差通过边龙骨来“消化”。安装时，应注意按饰面板的编号位置及板的指向标记进行安装，以实现安装图案与设计相一致。安装时应轻拿轻放，沿翻边部位在两边同时轻压，卡进龙骨后再推紧，并注意及时调整板缝位置，使板缝对齐贯通。

(7) 安装灯具、风口等

安装饰面板后，在对应的预留位置安装灯具、风口等。完成安装后，应将板面擦拭干净，不留有污物及手印等。

12.3 楼地面系统的设计与安装

12.3.1 楼地面系统的设计

室内地面的作业方式有湿式作业和干式作业两种。湿式作业包括用砂浆黏结石材、面砖，在架空层上用砂浆黏结石材和面砖；干式作业包括铺设木质地板，在架空层上铺设木质地板。

楼地面系统设计时，应结合使用要求，选用合适的地面材料及作业方式。采用架空方式，可提高隔声效果，舒适度高，有利于管线系统分离和同层排水，不影响建筑的使用寿命。但楼地面系统的承载力应满足房间的使用要求，架空高度应满足管径尺寸、敷设路径、设置坡度等要求，并宜采取减振措施、设置检修口。采用架空方式，会影响室内净高，如要保持净高就要增加层高，相应会增加工程造价，因此，是否选用架空方式取决于建设单位的决策。

架空地板多采用点式支撑，板包括衬板和面板，衬板可采用经过阻燃处理的刨花板、细木工板等。

12.3.2 楼地面系统的安装

本节主要介绍架空地板的安装，架空地板的安装步骤如下：施工准备→基层清理→测量放线→安装支座、横梁组件→铺设面板→安装踢脚板→清洁保护。

(1) 施工准备

按项目的施工进度计划合理安排材料、机具、人员进场施工，并按施工图纸和技术规程的要求对相关的管理人员及作业人员进行技术交底及安全交底。

(2) 基层清理

完成地面管线敷设后，清理干净基层上的浮浆、落地灰等。基层表面应平整、光洁、不起灰，并应对地面进行防尘处理，可在其表面涂刷 1～2 遍清漆或防尘漆，涂刷后不允许有脱皮现象。

(3) 测量放线

测量房间的长、宽尺寸，对照设计排版图纸的尺寸分析误差情况，并研究确定房间每端通过踢脚板"消化"的误差长度，然后在地面弹出分格线。分格线的交叉点即为支座位置，分格线即横梁位置。在墙面上弹出活动地板面层的标高控制线。同时，将分格线引测到标高控制线上，作为板缝的控制线。

(4) 安装支座、横梁组件

将地板支架底盘的中心摆放在方格网的十字线上，拉通纵横水平控制线，调节支座活动螺丝杆，使托板顶面与水平线平齐，拧紧螺杆的螺母固定螺丝杆。根据标高控制线安装四周的地板支架。

在地板支架上安装横梁，初步扭紧横梁与支座托板的结合螺钉。用红外水平仪逐点测量标高、校平（调节支座活动螺丝杆，调节后固定螺丝杆），扭紧横梁与支座托板的结合螺钉。用射钉将支座底盘固定在基层上，在支座底盘与基层之间注入环氧树脂并黏结牢固。

（5）铺设面板

待环氧树脂凝固后，拉通引测到标高控制线上板缝的控制线，在横梁上垫上橡胶垫条，逐块安装活动地板（含周边镶补的活动地板）。地板铺装需四角平实，不得有松动、翘边等现象，并使地板排列整齐、接缝均匀且平直。

（6）安装踢脚板

结合预埋件的位置安装踢脚板，踢脚板与地板间应留约 1 mm 的空隙，让其能够自由伸缩。

（7）清洁保护

安装完活动地板后，应清除杂物，吸除灰尘，用软布或毛巾将板面擦拭干净。可在地板上敷设橡胶垫或地毯等提高板面的装饰效果。

12.4　墙面系统的设计与安装

12.4.1　墙面系统的设计

墙面系统设计是指室内墙面的表皮设计，室内墙面的表皮包括涂料、壁纸、壁布、木材、面砖、石材、装饰面板、陶板、ALC 板、清水混凝土等。室内墙面表皮的选择由使用者来决定是比较合适的，但有的房屋（如商品房）在建造时还没有使用者，如果由建筑师决定墙面的表皮类型、实现精装修交房，到了使用者手中，可能会进行二次装修，造成浪费。如果等使用者来决定，可能与施工进展不匹配。如果由建筑师提供墙面材质、质感与颜色搭配的多种方案，建设单位拟定目标客户后，通过对比同类客户的已装修情况及发展趋势来选定墙面的表皮方案会比较合适。

12.4.2　墙面系统的安装

装配式混凝土建筑内墙面包括石材墙面、陶瓷类墙面、木制品类墙面、金属制品类墙面等，本节主要介绍石材类墙面，其他类型的墙面可参照此工艺及相关规范实施。

石材类墙面的安装步骤：施工准备→测量放线→选板、预拼、排号→安装龙骨→安装连接件→安装饰面板→收口处理→缝隙处理→清洁及成品保护。

（1）施工准备

在加工石材面板前应完成深化设计，深化设计应明确排板原则（从门洞向两侧排板等）、板缝的位置、预埋件的位置、阴角或阳角连接方式等内容，深化设计文件应经原设计单位和建设单位认可。

按项目的施工进度计划合理安排材料、机具、人员进场施工，并按施工图纸和技术规程的要求对相关的管理人员及作业人员进行技术交底及安全交底。

根据建筑设计图的要求，认真核实安装部位结构的实际尺寸，分析偏差情况(如墙面的垂直度偏差等)，按照增减的尺寸绘出修正图。如超出允许偏差的，应在保证结构表面与饰面板表面的距离不小于 50 mm 的前提下，重新排列分块。

(2) 测量放线

将面板立面尺寸的分割点标注在所对应的地面完成面上，用红外线放线仪将分割点的位置引测到墙体的立面上，弹出墙面造型控制线及水平控制线，然后标出龙骨定位线及连接件安装定位点。

(3) 选板、预拼、排号

将面板的位置测放到墙体的立面上，将面板的编号与墙面编号对应(均按设计编号)，并注意板与板之间的留缝间距。

对照排版编号检查、复核石材板块的几何尺寸，并按误差大小进行调整分布位置。将纹理和色彩相近的归类排放，对有缺陷的板应改小使用或安装在不显眼的部位。在选板的基础上进行预拼工作，由于天然板材具有天然的纹理和色差，因此，需通过预拼使上下左右的颜色花纹一致，纹理通顺，接缝严密吻合。预拼好的石材对应编号，然后分类堆放待用。

(4) 安装龙骨

主龙骨应垂直安装，每根主龙骨与预埋钢板之间用角钢焊牢，在主龙骨上焊接水平角钢，水平角钢的位置应与石材水平缝的位置相对应，水平角钢的椭圆形孔位应与石材板块的挂件位置相对应。敲掉焊渣后，在焊缝处涂刷防锈漆。

墙体有暗装管线和线盒时，需采用手电钻对骨架进行开孔，严禁随意破坏已安装的骨架。按照安装要求，将管线在骨架中固定牢固。

(5) 安装连接件

根据测放到墙体的立面上的面板的位置线，在水平角钢上安装不锈钢干挂件，通过水平角钢上椭圆形孔位，调整不锈钢干挂件的左右位置；通过不锈钢干挂件上椭圆形孔位，调整不锈钢干挂件的前后位置，使不锈钢干挂件的位置安装准确。

(6) 安装饰面板

将饰面板下面的两个安装孔位扣到不锈钢干挂件的上钩，调整饰面板上面不锈钢干挂件，让其下钩扣到饰面板上面的两个安装孔位上，调整饰面板的位置，使平整度误差不超过 1 mm。水平缝与竖缝分别对齐后固定，用结构胶将饰面板与不锈钢干挂件连接固定。

(7) 收口处理

装饰面的开关盒、插座盒等应位置正确、套割吻合、边缘整齐。

(8) 缝隙处理

饰面板之间的缝隙须采用膏状云石胶、胶状美缝剂、耐候胶等填缝。填缝面应与板面平整，不污染板面。

(9) 清洁及成品保护

完成石材饰面板的安装后，应及时清洁面层，并做好成品保护，阳角处应采取硬质防护措施。

12.5　集成式厨房的设计与安装

12.5.1　集成式厨房的设计

集成式厨房是由工厂生产的楼地面、吊顶、墙面、橱柜和厨房设备及管线等集成并主要采用干式工法装配而成的厨房。其设计主要包括以下几个方面：

(1) 确定布置形式及使用面积

集成式厨房的设计应根据计划的单元规模来确定厨房的布置形式及使用面积。集成式厨房的布置形式及选用尺寸可参照表 12.1 的规定进行选择。

表 12.1　集成式厨房的布置形式及选用尺寸(mm)

厨房家具布置形式	厨房最小净宽度	厨房最小净长度
单排型	1500(1600)/2000	3000
双排型	2200/2700	2700
L 型	1600/2700	2700
U 型	1900/2100	2700
壁柜型	700	2100

(2) 选择功能

集成式厨房应功能齐全，使用方便。基本功能包括储藏、洗涤、加工、烹饪功能，实现功能的设施包括洗涤池、案台、灶台、燃气灶具、抽油烟机、橱柜、冰箱、微波炉、电烤箱、消毒柜、洗碗机等，应根据厨房的布置形式及使用面积选择相应的设施并进行布置。

(3) 布置设备

选定相应的设备后，布置设备及配套管线、开关、插座、预埋件等的具体位置，并预留燃气热水器及排烟管线的安装位置。给水排水、燃气管线等应集中设置、合理定位，并在连接处设置检修口。

(4) 装饰设计

集成式厨房的装修应与总体装饰风格相协调，需要选择合适的风格、色彩等进行装饰设计。

(5) 收口设计

收口是否美观体现出装修的品质,集成式厨房应处理好墙面、地面和顶棚的交接收口,做到衔接顺畅、收口精细。

12.5.2 集成式厨房的安装

(1) 集成式厨房地面、墙面的安装

集成式厨房地面、墙面的安装与其他部位的地面、墙面的安装基本相同,但厨房的预留配件较多,均应按设计要求在预留位置安装。

电气方面,可选用的电器有电磁灶、微波炉、蒸箱、烤箱、电饭煲、净水器、热水器、抽油烟机、排风机、消毒柜、洗碗机、冰箱等,应按照设计的位置,各预留一个专用单相三线插座。插座应设置独立回路,在墙面完成后安装。安装在 1.80 m 及以下的插座均应采用安全型插座,三线插座应可靠接地。

给水方面,应考虑肉类洗涤槽、蔬菜洗涤槽、净水器、热水器、洗碗机等的用水,应预留相应的给水口,而且洗涤用水应预留冷热给水口,在相应的器具安装后接通给水口,完成给水末端的连接。给水管线、水嘴及接头不应有渗水现象。

排水方面,净水器、洗碗机的排水应接至集水器具,再排到下水管线。排水管线的接头连接、水槽及排水接口的连接应严密,不得有渗漏,软管连接部位应用卡箍紧固。

集成厨房的给排水管线、电气管线敷设后,应通过测试,达标后才可投入使用。

(2) 集成式厨房的天花安装

集成式厨房的天花安装与其他部位的天花安装相同,但应在吊柜安装后才可安装。

(3) 集成式厨房的橱柜安装

集成式厨房的橱柜安装是安装的关键环节。集成式厨房的橱柜包括地柜与吊柜,其安装步骤如下:

① 测量放线

对需要安装橱柜的部位进行测量,分析实际尺寸与设计尺寸的误差,确定"消化"误差的安装方法。

地柜安装前,先找基准点,再确定安装方法和顺序。L 型地柜应从直角处向两边延伸,U 型地柜应先将中间的一字形柜体居中放整齐,再从两个直角处向两边放置。

吊柜安装时,应在墙面画一条水平线,用来控制柜底的高度,水平线与台面的距离通常为 850 mm。

② 组装柜体

组装橱柜应按出厂说明书的组装顺序、组装方法及注意事项进行组装,安装地柜框架后,再安装地柜背板。安装背板前,应根据背墙预埋件的位置与地柜的安放位置,在背板上标出固定孔位,再将打好孔的背板安装。地柜就位后,将地柜背板与背墙预埋件连接固定后,安装柜面底板,便于安装台面。安装吊柜的方式同地柜一致。

③ 安装门板

地柜安装牢固后，用铰链将门板和柜体连接起来，调整合适后牢固固定。柜门安装时，需要反复调试门板，以保证门板高低水平对齐，门板间缝隙均匀，开启灵活。

④ 部件安装

地柜、吊柜均安装完成后，将已经开好孔的台面放置于柜体上方，中间用木垫板支撑加固，台面与墙面的连接处打硅胶密封。所有台面安装完成后，在台面周边安装挡水条，安装水槽、水龙头，在橱柜底部封边，并遮挡支角。最后安装橱柜拉篮、碗架，安装柜门把手。

12.6　集成式卫生间的设计与安装

12.6.1　集成式卫生间的设计

集成式卫生间的设计主要包括以下几个方面：

(1) 选择功能

集成式卫生间应根据使用要求(因有的单元有两个或多个卫生间)确定其使用功能。行业标准《住宅整体卫浴间》(JG/T 183—2006)将集成式卫生间(即整体卫浴)按使用功能分为 3 种型式、12 种类型，可根据使用要求参照选用。具体分类详见表 12.2 所示。

表 12.2　住宅整体卫浴间类型与功能

型式	整体卫浴间的类型	代号	功能
单一功能	便溺类型	01	供排便用
	盥洗类型	02	供盥洗用
	沐浴类型	03	供沐浴用
	盆浴类型	04	供盆浴用
双功能组合式	便溺、盥洗类型	05	供排便、盥洗用
	便溺、沐浴类型	06	供排便、沐浴用
	便溺、盆浴类型	07	供排便、盆浴用
	盆浴、盥洗类型	08	供盆浴、盥洗用
	沐浴、盥洗类型	09	供沐浴、盥洗用
多功能组合式	便溺、盥洗、盆浴类型	10	供排便、盥洗、盆浴用
	便溺、盥洗、沐浴类型	11	供排便、盥洗、沐浴用
	便溺、盥洗、盆浴、沐浴类型	12	供排便、盥洗、盆浴、沐浴用

(2) 确定布置形式及使用面积

集成式卫生间的设计应根据选定的功能来确定卫生间的平面布置形式及使用面积,集成式卫生间宜采用干湿分离的布置方式,并综合考虑洗衣机、排气扇(管)、暖风机等的设置,同时应做好等电位连接,并在给水排水、电气管线等连接处设置检修口。集成式卫生间的布置形式及选用尺寸可参照表 12.3 的规定进行选择。

表 12.3　集成式卫生间的布置形式及选用尺寸(mm)

卫生间平面布置形式	卫生间最小净宽度	卫生间最小净长度
单设便器卫生间	900	1600
设便器、洗面器两件洁具	1500	1550
设便器、洗浴器两件洁具	1600	1800
设三件洁具(喷淋)	1650	2050
设三件洁具(浴缸)	1750	2450
设三件洁具无障碍卫生间	1950	2550

(3) 设计应美观

集成式卫生间的设计应美观,符合消费者的审美观念。

(4) 选节水型器具

集成式卫生间应采用节水器具,符合节水型城市的建设要求。

(5) 可吊运设计

集成式卫生间的设计应满足吊装、运输的要求。

12.6.2　集成式卫生间的安装

近年来,整体卫生间已发展到第四代,可以一次安装到位,内墙面砖可在工厂预贴,洁具也可在工厂预安装。为了减少运输、吊装阶段的洁具损坏,也可在吊装后安装。

第 13 章　装配式混凝土建筑的质量验收

装配式混凝土建筑施工应按现行国家标准《建筑工程施工质量验收统一标准》(GB 50300—2013)的有关规定进行单位工程、分部工程、分项工程和检验批的划分和质量验收。

13.1　质量验收的划分

按照《建筑工程施工质量验收统一标准》(GB 50300—2013)，将建筑工程划分为 10 个分部工程：(1)地基与基础；(2)主体结构；(3)建筑装饰装修；(4)屋面；(5)建筑给水排水及供暖；(6)通风与空调；(7)建筑电气；(8)智能建筑；(9)建筑节能；(10)电梯。其中，主体结构分部工程包括 7 个子分部工程：(1)混凝土结构；(2)砌体结构；(3)钢结构；(4)钢管混凝土结构；(5)型钢混凝土结构；(6)铝合金结构；(7)木结构。其中，混凝土结构子分部工程包括 6 个分项工程：(1)模板；(2)钢筋；(3)混凝土；(4)预应力；(5)现浇结构；(6)装配式结构。

具体的分部工程、分项工程划分见表 13.1 所示。

表 13.1　建筑工程的分部工程、分项工程划分

序号	分部工程	子分部工程	分项工程
1	地基与基础	地基	素土、灰土地基，砂和砂石地基，土工合成材料地基，粉煤灰地基，强夯地基，注浆地基，预压地基，砂石桩复合地基，高压旋喷注浆地基，水泥土搅拌桩地基，土和灰土挤密桩复合地基，水泥粉煤灰碎石桩复合地基，夯实水泥土桩复合地基
		基础	无筋扩展基础，钢筋混凝土扩展基础，筏形与箱形基础，钢结构基础，钢管混凝土结构基础，型钢混凝土结构基础，钢筋混凝土预制桩基础，泥浆护壁成孔灌注桩基础，干作业成孔桩基础，长螺旋钻孔压灌桩基础，沉管灌注桩基础，钢桩基础，锚杆静压桩基础，岩石锚杆基础，沉井与沉箱基础
		基坑支护	灌注桩排桩围护墙，板桩围护墙，咬合桩围护墙，型钢水泥土搅拌墙，土钉墙，地下连续墙，水泥土重力式挡墙，内支撑，锚杆，与主体结构相结合的基坑支护
		地下水控制	降水与排水，回灌
		土方	土方开挖，土方回填，场地平整
		边坡	喷锚支护，挡土墙，边坡开挖
		地下防水	主体结构防水，细部构造防水，特殊施工法结构防水，排水，注浆

续表 13.1

序号	分部工程	子分部工程	分项工程
2	主体结构	混凝土结构	模板，钢筋，混凝土，预应力，现浇结构，装配式结构
		砌体结构	砖砌体，混凝土小型空心砌块砌体，石砌体，配筋砌体，填充墙砌体
		钢结构	钢结构焊接，紧固件连接，钢零部件加工，钢构件组装及预拼装，单层钢结构安装，多层及高层钢结构安装，钢管结构安装，预应力钢索和膜结构，压型金属板，防腐涂料涂装，防火涂料涂装
		钢管混凝土结构	构件现场拼装，构件安装，钢管焊接，构件连接，钢管内钢筋骨架，混凝土
		型钢混凝土结构	型钢焊接，紧固件连接，型钢与钢筋连接，型钢构件组装及预拼装，型钢安装，模板，混凝土
		铝合金结构	铝合金焊接，紧固件连接，铝合金零部件加工，铝合金构件组装，铝合金构件预拼装，铝合金框架结构安装，铝合金空间网格结构安装，铝合金面板，铝合金幕墙结构安装，防腐处理
		木结构	方木与原木结构，胶合木结构，轻型木结构，木结构的防护
3	建筑装饰装修	建筑地面	基层铺设，整体面层铺设，板块面层铺设，木、竹面层铺设
		抹灰	一般抹灰，保温层薄抹灰，装饰抹灰、清水砌体勾缝
		外墙防水	外墙砂浆防水，涂膜防水，透气膜防水
		门窗	木门窗安装，金属门窗安装，塑料门窗安装，特种门安装，门窗玻璃安装
		吊顶	整体面层吊顶，板块面层吊顶，格栅吊顶
		轻质隔墙	板材隔墙，骨架隔墙，活动隔墙，玻璃隔墙
		饰面板	石板安装，陶瓷板安装，木板安装，金属板安装，塑料板安装
		饰面砖	外墙饰面砖粘贴，内墙饰面砖粘贴
		幕墙	玻璃幕墙安装，金属幕墙安装，石材幕墙安装，陶板幕墙安装
		涂饰	水性涂料涂饰，溶剂型涂料涂饰，美术涂饰
		裱糊与软包	裱糊，软包
		细部	橱柜制作与安装，窗帘盒和窗台板制作与安装，门窗套制作与安装，护栏和扶手制作与安装，花饰制作与安装

续表 13.1

序号	分部工程	子分部工程	分项工程
4	屋面	基层与保护	找坡层和找平层，隔汽层，隔离层，保护层
		保温与隔热	板状材料保温层，纤维材料保温层，喷涂硬泡聚氨酯保温层，现浇泡沫混凝土保温层，种植隔热层，架空隔热层，蓄水隔热层
		防水与密封	卷材防水层，涂膜防水层，复合防水层，接缝密封防水
		瓦面与板面	烧结瓦和混凝土瓦铺装，沥青瓦铺装，金属板铺装，玻璃采光顶铺装
		细部构造	檐口，檐沟和天沟，女儿墙和山墙，水落口，变形缝，伸出屋面管道，屋面出入口，反梁过水孔，设施基座，屋脊，屋顶窗
5	建筑给水、排水及供暖	室内给水系统	给水管道及配件安装，给水设备安装，室内消火栓系统安装，消防喷淋系统安装，防腐，绝热，管道冲洗、消毒，试验与调试
		室内排水系统	排水管道及配件安装，雨水管道及配件安装，防腐，试验与调试
		室内热水系统	管道及配件安装，辅助设备安装，防腐，绝热，试验与调试
		卫生器具	卫生器具安装，卫生器具给水配件安装，卫生器具排水管道安装，试验与调试
		室内供暖系统	管道及配件安装，辅助设备安装，散热器安装，低温热水地板辐射供暖系统安装，电加热供暖系统安装，燃气红外辐射供暖系统安装，热风供暖系统安装，热计量及调控装置安装，试验与调试，防腐，绝热
		室外给水管网	给水管道安装，室外消火栓系统安装，试验与调试
		室外排水管网	排水管道安装，排水管沟与井池，试验与调试
		室外供热管网	管道及配件安装，系统水压试验，土建结构，防腐，绝热，试验与调试
		建筑饮用水供应系统	管道及配件安装，水处理设备及控制设施安装，防腐，绝热，试验与调试
		建筑中水系统及雨水利用系统	建筑中水系统、雨水利用系统管道及配件安装，水处理设备及控制设施安装，防腐，绝热，试验与调试
		游泳池及公共浴池水系统	管道及配件系统安装，水处理设备及控制设施安装，防腐，绝热，试验与调试
		水景喷泉系统	管道系统及配件安装，防腐，绝热，试验与调试
		热源及辅助设备	锅炉安装，辅助设备及管道安装，安全附件安装，换热站安装，防腐，绝热，试验与调试
		监测与控制仪表	检测仪器及仪表安装，试验与调试

续表 13.1

序号	分部工程	子分部工程	分项工程
6	通风与空调	送风系统	风管与配件制作,部件制作,风管系统安装,风机与空气处理设备安装,风管与设备防腐,旋流风口,岗位送风口、织物(布)风管安装,系统调试
		排风系统	风管与配件制作,部件制作,风管系统安装,风机与空气处理设备安装,风管与设备防腐,吸风罩及其他空气处理设备安装,厨房、卫生间排风系统安装,系统调试
		防排烟系统	风管与配件制作,部件制作,风管系统安装,风机与空气处理设备安装,风管与设备防腐,排烟风阀(口)、常闭正压风口、防火风管安装,系统调试
		除尘系统	风管与配件制作,部件制作,风管系统安装,风机与空气处理设备安装,风管与设备防腐,除尘器与排污设备安装,吸尘罩安装,高温风管绝热,系统调试
		舒适性空调系统	风管与配件制作,部件制作,风管系统安装,风机与空气处理设备安装,风管与设备防腐,组合式空调机组安装,消声器、静电除尘器、换热器、紫外线灭菌器等设备安装,风机盘管、变风量与定风量送风装置、射流喷口等末端设备安装,风管与设备绝热,系统调试
		恒温恒湿空调系统	风管与配件制作,部件制作,风管系统安装,风机与空气处理设备安装,风管与设备防腐,组合式空调机组安装,电加热器、加湿器等设备安装,精密空调机组安装,风管与设备绝热,系统调试
		净化空调系统	风管与配件制作,部件制作,风管系统安装,风机与空气处理设备安装,风管与设备防腐,净化空调机组安装,消声器、静电除尘器、换热器、紫外线灭菌器等设备安装,中、高效过滤器及风机过滤器单元等末端设备清洗与安装,洁净度测试,风管与设备绝热,系统调试
		压缩式制冷(热)设备系统	制冷机组及附属设备安装,管道、设备防腐,制冷剂管道及部件安装,制冷剂灌注,管道、设备绝热,系统压力试验及调试
		吸收式制冷设备系统	制冷机组及附属设备安装,管道、设备防腐,系统真空试验,溴化锂溶液加灌,蒸汽管道系统安装,燃气或燃油设备安装,管道、设备绝热,试验及调试
		多联机(热泵)空调系统	室外机组安装,室内机组安装,制冷剂管路连接及控制开关安装,风管安装,冷凝水管道安装,制冷剂灌注,系统压力试验及调试
		太阳能供暖空调系统	太阳能集热器安装,其他辅助能源、换热设备安装,蓄能水箱、管道及配件安装,防腐,绝热,低温热水地板辐射采暖系统安装,系统压力试验及调试
		设备自控系统	温度、压力与流量传感器安装,执行机构安装调试,防排烟系统功能测试,自动控制及系统智能控制软件调试

续表 13.1

序号	分部工程	子分部工程	分项工程
7	建筑电气	室外电气	变压器、箱式变电所安装，成套配电柜、控制柜（屏、台）和动力、照明配电箱（盘）及控制柜安装，梯架、支架、托盘和槽盒安装，导管敷设，电缆敷设，管内穿线和槽盒内敷线，电缆头制作、导线连接和线路绝缘测试，普通灯具安装，专用灯具安装，建筑照明通电试运行，接地装置安装
7	建筑电气	变配电室	变压器、箱式变电所安装，成套配电柜、控制柜（屏、台）和动力、照明配电箱（盘）安装，母线槽安装，梯架、支架、托盘和槽盒安装，电缆敷设，电缆头制作、导线连接和线路绝缘测试，接地装置安装，接地干线敷设
7	建筑电气	供电干线	电气设备试验和试运行，母线槽安装，梯架、支架、托盘和槽盒安装，导管敷设，电缆敷设，管内穿线和槽盒内敷线，电缆头制作、导线连接和线路绝缘测试，接地干线敷设
7	建筑电气	电气动力	成套配电柜、控制柜（屏、台）和动力配电箱（盘）安装，电动机、电加热器及电动执行机构检查接线，电气设备试验和试运行，梯架，支架、托盘和盒安装，导管敷设，电缆敷设，管内穿线和槽盒内敷线，电缆头制作、导线连接和线路绝缘测试
7	建筑电气	电气照明	成套配电柜、控制柜（屏、台）和照明配电箱（盘）安装，梯架、支架、托盘和槽盒安装，导管敷设，管内穿线和槽盒内敷线，塑料护套线直敷布线，钢索配线，电缆头制作、导线连接和线路绝缘测试，普通灯具安装，专用灯具安装，开关、插座、风扇安装，建筑照明通电试运行
7	建筑电气	备用和不间断电源	成套配电柜、控制柜（屏、台）和动力、照明配电箱（盘）安装，柴油发电机组安装，不间断电源装置及应急电源装置安装，母线槽安装，导管敷设，电缆敷设，管内穿线和槽盒内敷线，电缆头制作、导线连接和线路绝缘测试，接地装置安装
7	建筑电气	防雷及接地	接地装置安装，防雷引下线及接闪器安装，建筑物等电位连接，浪涌保护器安装
8	智能建筑	智能化集成系统	设备安装，软件安装，接口及系统调试，试运行
8	智能建筑	信息接入系统	安装场地检查
8	智能建筑	用户电话交换系统	线缆敷设，设备安装，软件安装，接口及系统调试，试运行

续表 13.1

序号	分部工程	子分部工程	分项工程
8	智能建筑	信息网络系统	计算机网络设备安装，计算机网络软件安装，网络安全设备安装，网络安全软件安装，系统调试，试运行
		综合布线系统	梯架、托盘、槽盒和导管安装，线缆敷设，机柜、机架、配线架安装，信息插座安装，链路或信道测试，软件安装，系统调试，试运行
		移动通信室内信号覆盖系统	安装场地检查
		卫星通信系统	安装场地检查
		有线电视及卫星电视接收系统	梯架、托盘、槽盒和导管安装，线缆敷设，设备安装，软件安装，系统调试，试运行
		公共广播系统	梯架、托盘、槽盒和导管安装，线缆敷设，设备安装，软件安装，系统调试，试运行
		会议系统	梯架、托盘、槽盒和导管安装，线缆敷设，设备安装，软件安装，系统调试，试运行
		信息导引及发布系统	梯架、托盘、槽盒和导管安装，线缆敷设，显示设备安装，机房设备安装，软件安装，系统调试，试运行
		时钟系统	梯架、托盘、槽盒和导管安装，线缆敷设，设备安装，软件安装，系统调试，试运行
		信息化应用系统	梯架、托盘、槽盒和导管安装，线缆敷设，设备安装，软件安装，系统调试，试运行
		建筑设备监控系统	梯架、托盘、槽盒和导管安装，线缆敷设，传感器安装，执行器安装，控制器、箱安装，中央管理工作站和操作分站设备安装，软件安装，系统调试，试运行
		火灾自动报警系统	梯架、托盘、槽盒和导管安装，线缆敷设，探测器类设备安装，控制器类设备安装，其他设备安装，软件安装，系绕调试，试运行
		安全技术防范系统	梯架、托盘、槽盒和导管安装，线缆敷设，设备安装，软件安装，系统调试，试运行
		应急响应系统	设备安装，软件安装，系统调试，试运行
		机房	供配电系统，防雷与接地系统，空气调节系统，给水排水系统，综合布线系统，监控与安全防范系统，消防系统，室内装饰装修，电磁屏蔽，系统调试，试运行
		防雷与接地	接地装置，接地线，等电位联接，屏蔽设施，电涌保护器，线缆敷设，系统调试，试运行

续表 13.1

序号	分部工程	子分部工程	分项工程
9	建筑节能	围护系统节能	墙体节能，幕墙节能，门窗节能，屋面节能，地面节能
		供暖空调设备及管网节能	供暖节能，通风与空调设备节能，空调与供暖系统冷热源节能，空调与供暖系统管网节能
		电气动力节能	配电节能，照明节能
		监控系统节能	监测系统节能，控制系统节能
		可再生能源	地源热泵系统节能，太阳能光热系统节能，太阳能光伏节能
10	电梯	电力驱动的曳引式或强制式电梯	设备进场验收，土建交接检验，驱动主机，导轨，门系统，轿厢，对重，安全部件，悬挂装置，随行电缆，补偿装置，电气装置，整机安装验收
		液压电梯	设备进场验收，土建交接检验，液压系统，导轨，门系统，轿厢，对重，安全部件，悬挂装置，随行电缆，电气装置，整机安装验收
		自动扶梯、自动人行道	设备进场验收，土建交接检验，整机安装验收

13.2　装配式混凝土结构的验收

13.2.1　原材料、部品、构配件的验收

装配式混凝土结构工程施工用的原材料、部品、构配件均应按检验批进行进场验收。

13.2.2　预制构件的进场验收

专业企业生产的预制构件，进场时应检查其质量证明文件，其结构性能检验应符合下列规定：

（1）梁板类简支受弯预制构件进场时应进行结构性能检验，并应符合下列规定：

① 结构性能检验应符合国家现行有关标准的有关规定及设计的要求，检验要求和试验方法应符合现行国家标准《混凝土结构工程施工质量验收规范》（GB 50204—2015）的有关规定。

② 钢筋混凝土构件和允许出现裂缝的预应力混凝土构件应进行承载力、挠度和裂缝宽度检验；不允许出现裂缝的预应力混凝土构件应进行承载力、挠度和抗裂检验。

③ 对大型构件及有可靠应用经验的构件，可只进行裂缝宽度、抗裂和挠度检验。

④ 对使用数量较少的构件，当能提供可靠依据时，可不进行结构性能检验。

⑤ 对多个工程共同使用的同类型预制构件，结构性能检验可共同委托，其结果对多个工程共同有效。

(2) 对于不可单独使用的叠合板预制底板，可不进行结构性能检验。对叠合梁构件，是否进行结构性能检验、结构性能检验方式的选取应根据设计要求确定。

(3) 对于第(1)、(2)点之外的其他预制构件，除设计有专门要求外，进场时可不做结构性能检验。

(4) 对于第(1)、(2)、(3)点中不做结构性能检验的预制构件，应采取下列措施：

① 施工单位或监理单位代表应驻厂监督生产过程。

② 当无驻厂监督时，预制构件进场时应对其主要受力钢筋数量、规格、间距、保护层厚度及混凝土强度等进行实体检验。

另外，应对预制构件的混凝土外观质量、表面预贴饰面砖或石材等饰面，以及混凝土的黏结性能、预埋件或预留插筋等进行检验。

13.2.3 结构连接节点及叠合构件的隐蔽验收

装配式混凝土结构连接节点及叠合构件在浇筑混凝土前，应进行隐蔽工程验收。隐蔽工程验收应包括下列主要内容：

(1) 混凝土粗糙面的质量，键槽的尺寸、数量、位置；

(2) 钢筋的牌号、规格、数量、位置、间距，箍筋弯钩的弯折角度及平直段长度；

(3) 钢筋的连接方式、接头位置、接头数量、接头面积百分率、搭接长度、锚固方式及锚固长度；

(4) 预埋件、预留管线的规格、数量、位置；

(5) 预制混凝土构件接缝处防水、防火等构造做法；

(6) 保温及其节点施工；

(7) 其他隐蔽项目。

13.2.4 预制构件的安装与连接方面的检验

预制构件的安装与连接方面的检验内容有：

(1) 预制构件临时固定措施应符合设计、专项施工方案要求及国家现行有关标准的规定。

(2) 装配式结构采用后浇混凝土连接时，构件连接处后浇混凝土的强度应符合设计要求。

(3) 钢筋采用套筒灌浆连接、浆锚搭接连接时，灌浆应饱满、密实，所有出口均应出浆。

(4) 钢筋套筒灌浆连接及浆锚搭接连接用的灌浆料强度应符合国家现行有关标准的规定及设计要求。

(5) 预制构件底部接缝坐浆强度应满足设计要求。

(6) 钢筋采用机械连接时,其接头质量应符合现行行业标准《钢筋机械连接技术规程》(JGJ 107—2016)的有关规定。

(7) 钢筋采用焊接连接时,其焊缝的接头质量应满足设计要求,并应符合现行行业标准《钢筋焊接及验收规程》(JGJ 18—2012)的有关规定。

(8) 预制构件采用型钢焊接连接时,型钢焊缝的接头质量应满足设计要求,并应符合现行国家标准《钢结构焊接规范》(GB 50661—2011)和《钢结构工程施工质量验收规范》(GB 50205—2001)的有关规定。

(9) 预制构件采用螺栓连接时,螺栓的材质、规格、拧紧力矩应符合设计要求及现行国家标准《钢结构设计标准》(GB 50017—2017)和《钢结构工程施工质量验收规范》(GB 50205—2001)的有关规定。

(10) 装配式结构分项工程的外观质量不应有严重缺陷,且不得有影响结构性能和使用功能的尺寸偏差。

(11) 外墙板接缝的防水性能应符合设计要求。

(12) 装配式结构分项工程的施工尺寸偏差及检验方法应符合设计要求;当设计无要求时,应符合相关标准的规定。

(13) 装配式混凝土建筑的饰面外观质量应符合设计要求,并应符合现行国家标准《建筑装饰装修工程质量验收规范》(GB 50210—2018)的有关规定。

13.2.5 混凝土结构子分部工程验收

混凝土结构子分部工程验收时,除应符合现行国家标准《混凝土结构工程施工质量验收规范》(GB 50204—2015)的有关规定提供文件和记录外,尚应提供下列文件和记录:

(1) 工程设计文件、预制构件安装施工图和加工制作详图;

(2) 预制构件、主要材料及配件的质量证明文件、进场验收记录、抽样复验报告;

(3) 预制构件安装施工记录;

(4) 钢筋套筒灌浆型式检验报告、工艺检验报告和施工检验记录,浆锚搭接连接的施工检验记录;

(5) 后浇混凝土部位的隐蔽工程检查验收文件;

(6) 后浇混凝土、灌浆料、坐浆材料强度检测报告;

(7) 外墙防水施工质量检验记录;

(8) 装配式结构分项工程质量验收文件;

(9) 装配式工程重大质量问题的处理方案和验收记录;

(10) 装配式工程的其他文件和记录。

13.3 部品安装方面的验收

装配式混凝土建筑的部品验收应分层分阶段开展。

13.3.1 部品验收的划分

部品验收的分部分项划分应满足国家现行相关标准要求，检验批划分应符合下列规定：

(1) 相同材料、工艺和施工条件的外围护部品每1000 m^2 应划分为一个检验批，不足1000 m^2 也应划分为一个检验批；每个检验批每100 m^2 应至少抽查一处，每处不得小于10 m^2；

(2) 住宅建筑装配式内装工程应进行分户验收，划分为一个检验批；

(3) 公共建筑装配式内装工程应按照功能区间进行分段验收，划分为一个检验批；

(4) 对于异形、多专业综合或有特殊要求的部品，国家现行相关标准未作出规定时，检验批的划分可根据部品的结构、工艺特点及工程规模，由建设单位组织监理单位和施工单位协商确定。

13.3.2 部品的试验和测试

部品的试验和测试有：

(1) 外围护部品应在验收前完成下列性能的试验和测试：

① 抗风压性能、层间变形性能、耐撞击性能、耐火极限等实验室检测；

② 连接件材性、锚栓拉拔强度等现场检测。

(2) 外围护部品验收根据工程实际情况进行下列现场试验和测试：

① 饰面砖(板)的黏结强度测试；

② 板接缝及外门窗安装部位的现场淋水试验；

③ 现场隔声测试；

④ 现场传热系数测试。

13.3.3 部品验收的内容

部品验收的内容有：

(1) 隐蔽项目的现场验收。

外围护部品应完成预埋件、与主体结构的连接节点、与主体结构之间的封堵构造节点、变形缝及墙面转角处的构造节点、防雷装置、防火构造等隐蔽项目的现场验收。

(2) 屋面应按现行国家标准《屋面工程质量验收规范》(GB 50207—2012)的规定进行

验收。

(3) 外围护系统的保温和隔热工程质量验收应按现行国家标准《建筑节能工程施工质量验收规范》(GB 50411—2019)的规定执行。

(4) 幕墙应按现行行业标准《玻璃幕墙工程技术规范》(JGJ 102—2003)、《金属与石材幕墙工程技术规范》(JGJ 133—2001)和《人造板材幕墙工程技术规范》(JGJ 336—2016)的规定进行验收。

(5) 外围护系统的门窗工程、涂饰工程应按现行国家标准《建筑装饰装修工程质量验收规范》(GB 50210—2018)的规定进行验收。

(6) 木骨架组合外墙系统应按现行国家标准《木骨架组合墙体技术规范》(GB/T 50361—2018)的规定进行验收。

(7) 蒸压加气混凝土外墙板应按现行行业标准《蒸压加气混凝土建筑应用技术规程》(JGJ/T 17—2008)的规定进行验收。

(8) 内装工程应按国家现行标准《建筑装饰装修工程质量验收规范》(GB 50210—2018)、《建筑轻质条板隔墙技术规程》(JGJ/T 157—2014)和《公共建筑吊顶工程技术规程》(JGJ 345—2014)的有关规定进行验收。

(9) 室内环境的质量验收应在内装工程完成后进行，并应符合现行国家标准《民用建筑工程室内环境污染控制规范》(GB 50325—2010)的有关规定。

13.4　设备与管线安装方面的验收

装配式混凝土建筑中涉及建筑给水排水及采暖、电气工程、通风与空调、智能建筑、建筑节能、电梯工程等安装的施工质量验收应按其对应的分部工程进行验收。

(1) 给水排水及采暖工程的分部工程、分项工程、检验批质量验收等应符合现行国家标准《建筑给水排水及采暖工程施工质量验收规范》(GB 50242—2002)的有关规定。

(2) 电气工程的分部工程、分项工程、检验批质量验收等应符合现行国家标准《建筑电气工程施工质量验收规范》(GB 50303—2015)及《火灾自动报警系统施工及验收规范》(GB 50166—2019)的有关规定。

(3) 通风与空调工程的分部工程、分项工程、检验批质量验收等应符合现行国家标准《通风与空调工程施工质量验收规范》(GB 50243—2002)的有关规定。

(4) 智能建筑的分部工程、分项工程、检验批质量验收等除应符合《装配式混凝土建筑技术标准》(GB/T 51231—2016)外，尚应符合现行国家标准《智能建筑工程质量验收规范》(GB 50339—2003)的有关规定。

(5) 建筑节能工程的分部工程、分项工程、检验批质量验收等应符合现行国家标准《建筑节能工程施工质量验收规范》(GB 50411—2019)的有关规定。

(6) 电梯工程的分部工程、分项工程、检验批质量验收等应符合现行国家标准《电梯工程施工质量验收规范》(GB 50310—2002)的有关规定。

参 考 文 献

[1] 江韩，陈丽华，等. 装配式建筑结构体系与案例[M]. 南京：东南大学出版社，2018.

[2] 李营. 装配式混凝土建筑-构件工艺设计与制作 200 问[M]. 北京：机械工业出版社，2018.

[3] 住房和城乡建设部住宅产业化促进中心. 大力推广装配式建筑必读-制度·政策·国内外发展[M]. 北京：中国建筑工业出版社，2016.

[4] 肖凯成，杨波，等. 装配式混凝土建筑施工技术.[M]. 北京：化学工业出版社，2019.

[5] 中国建筑标准设计研究院. 装配式建筑系列标准应用实施指南——装配式混凝土结构建筑[M]. 中国计划出版社，2017

[6] 郭学明. 装配式混凝土结构建筑的设计、制作与施工[M]. 北京：机械工业出版社，2017.

[7] 赵树屹. 装配式混凝土建筑——政府、甲方、监理管理 200 问[M]. 北京：机械工业出版社，2018.

[8] 中华人民共和国住房和城乡建设部. 装配式混凝土建筑技术标准[M]. 北京：中国建筑工业出版社，2017.

[9] 中华人民共和国住房和城乡建设部. 预制预应力混凝土装配整体式框架结构技术规程[M]. 北京：中国建筑工业出版社，2011.

[10] 张晓娜. 装配式混凝土建筑-建筑设计与集成设计 200 问[M]. 北京：工业出版社，2018.

[12] 中国建筑工业出版社. 现行建筑设计规范大全(缩印本)[M]. 北京：中国建筑工业出版社，2009.

[13] 中国建筑工业出版社. 现行建筑结构规范大全(缩印本)[M]. 北京：中国建筑工业出版社，2009.

[14] 中国建筑工业出版社. 现行建筑施工规范大全(缩印本)[M]. 北京：中国建筑工业出版社，2009.

[15] 王翔. 装配式混凝土结构建筑现场施工细节详解[M]. 北京：化学工业出版社，2017.

[16] 中华人民共和国住房和城乡建设部. 装配式混凝土结构技术规程[M]. 北京：中国建筑工业出版社出版，2014.

[17] 广东省住房和城乡建设厅. 装配式混凝土建筑结构技术规程[M]. 中国城市出版社，2016.

[18] 中国建筑业协会. 装配式混凝土建筑施工指南[M]. 中国建筑工业出版社，2019.

[19] 中国建筑标准设计研究院. 装配式混凝土结构连接节点构造(15G310-1～2)[M]. 北京：中国计划出版社出版，2015.

[20] 中国建筑标准设计研究院. 装配式混凝土剪力墙结构住宅施工工艺图解(16G906)[M]. 北京：中国计划出版社出版，2017.

[21] 中国建筑标准设计研究院. 预制钢筋混凝土板式楼梯(15G367-1)[M]. 北京：中国计划出版社，2019.

[22] 中国建筑标准设计研究院. 铝合金门窗(02J603-1)[M]. 北京：中国计划出版社，2009.